—— Survival of the Fittest ——

(适者生存)

Herbert Spencer

(赫伯特·斯宾塞)

[日]大西康之 著

徐文臻 译

东芝解体

电器企业的消亡之日

どこで道を間違えた？
生き残るのはどこだ？

它们到底在哪里走错？
又将如何求生？

江苏人民出版社

图书在版编目（CIP）数据

东芝解体：电器企业的消亡之日／（日）大西康之
著；徐文臻译. — 南京：江苏人民出版社，2020.7
ISBN 978 - 7 - 214 - 24845 - 9

Ⅰ. ①东… Ⅱ. ①大… ②徐… Ⅲ. ①电子工业 - 工
业企业 - 企业史 - 日本 Ⅳ. ①F431. 366

中国版本图书馆 CIP 数据核字（2020）第 072715 号

江苏省版权局著作权合同登记号：图字 10 - 2018 - 291 号

书　　　　名	东芝解体：电器企业的消亡之日	
著　　　者	（日）大西康之	
译　　　者	徐文臻	
责 任 编 辑	曾　偲	
责 任 监 制	王列丹	
装 帧 设 计	赵春明	
出 版 发 行	江苏人民出版社	
出版社地址	南京市湖南路 1 号 A 楼，邮编：210009	
出版社网址	http：//www. jspph. com	
照　　　排	江苏凤凰制版有限公司	
印　　　刷	江苏凤凰通达印刷有限公司	
开　　　本	880 毫米×1 230 毫米　1/32	
印　　　张	8.5　插页 1	
字　　　数	157 千字	
版　　　次	2020 年 7 月第 1 版　2020 年 7 月第 1 次印刷	
标 准 书 号	ISBN 978 - 7 - 214 - 24845 - 9	
定　　　价	48.00 元	

目录

力"/索尼不为人知的历史/如何处理跟东家的关系？/向心力的问题怎么解决？/失重状态/内战状态/"脱离电器化"究竟能否实现？/成为飞利浦那样的企业/入股奥林巴斯/王牌是以PlayStation构建的平台

序章

日本电器节节败退的真正理由

长久以来支撑电器企业"主业"的本相

2017 年作为"电器败战之年",大概会被铭刻于日本历史吧。

这一年,东芝在美核电子公司——西屋电气(Westinghouse Electric Corporation)① 依照美国破产法第 11 条(Title 11,相当于日本民事再生法)正式申请破产保护。此举使得东芝在美国原子能发电行业损失了 1 兆(万亿)日元。此外,东芝已经将白色家电②业务出售给中国的美的集团,并且正在筹划(尚未达成实质协议)出售其主打的半导体存储业务。

2011 年 3 月 11 日东日本大地震,加之其后发生的东京电力公司福岛第一核电站核泄漏事故,日本政府宣布全面停止原子能发电。在日本国内建设新的核电站已然无望。为掩饰原子能发电业务中止带来的巨大损失,东芝在决算上做了手脚。然而,2015 年春天的一封内部告发信曝光了粉饰决算的事实,将东芝推上了解体的道路。

---

① 本书涉及公司、机构、品牌名称众多,时间跨度长,为保证信息的准确性,在没有通用中文翻译的情况下,本书保留原文,未作翻译,特此说明。——编者注
② 指可以替代人们家务劳动的电器产品,主要包括洗衣机、空调、电冰箱等。——译者注

此前，已将新增长业务脱手的东芝公司实质上已经成为处理日本国内剩余核电站的"废炉公司"。集团总营业额 5 兆 7000 亿日元，总员工数达 19 万人的著名企业落魄至此，谁又曾预料到呢？

当然，落寞的也并非仅东芝一家。同为电器名门的夏普并入中国台湾的鸿海精密工业，三洋电机的家用电器业务也被中国大陆的海尔集团收购。

曾经的半导体业务销售额世界冠军 NEC 集团，年总销售额降至 3 兆日元以下，仅相当于其巅峰时期的一半。2007 年 3 月①，松下电器产业、三洋电机、松下电工三家企业的总销售额为 12 兆 9908 亿日元。而 2014 年，三者合并后成立的松下电器（Panasonic）的年度总营业额仅为 7 兆 7365 亿日元，减幅近一半。

曾经，席卷世界电器市场的美国无线电公司（RCA）在与日本电器企业的竞争中失利而被法国汤姆逊公司（Thomson，现特艺集团：Technicolor）收购，高端电器品牌真力时（Zenith）被韩国 LG 电子（现 LG Electronics）收购……这样的故事层出不穷，电器企业的"朝代"更迭从未停止。如今，日本电器企业成为行业的"旧浪"，已被新兴的韩国、中国大陆和台湾地区企业拍在沙滩上。发达国家兴起某一产业支配世界市场，随后，新兴国家纷纷加入，取代竞争力

---

① 日本公司多在 3 月做年度决算。——译者注

衰减的老牌企业，占领世界市场。这似乎已经成为整个工业产业的发展定式。

将时间轴放长一点来看，如今日本电器产业所经历的，正是工业革命以来司空见惯的"新老交替"。不同的是，原本作为"新秀"的日本企业，如今也终于沦为"旧人"。而对于企业生产人员或是经营人员来说，只用一句"历史的必然"来总结，恐怕只会令他们意难平吧。

消逝的"东芝白色家电"

2016年6月30日，东芝正式签署协议，将白色家电业务卖给中国的美的集团。后者获得由美的家用电器业务改组而成的东芝生活（Toshiba Life Style）80.1%的股份。同时，东芝也宣布日本国内外13000名员工转入美的公司旗下。在协定签署前一周的股东大会上，时任东芝社长室町正志紧咬下唇艰难地说道："放弃多年来主要业务之一的白色家电业务，对于我们来说真是断肠之痛啊！"

然而，在如此危急的情况下，发这一两句无关痛痒的感慨，于大局来讲也是无济于事。

粉饰决算的事被曝光后，东芝公司难以维系的事实不胫而走。

面对如此境地，东芝公司不得已以 6655 亿日元的价格，将当时被看好的盈利业务之一——东芝医疗卖给佳能。随后，如前所述，又以 537 亿日元的价格将白色家电业务卖给美的集团。

在穷途末路之前，为避免因资不抵债而陷入破产，东芝曾挣扎着实行大规模裁员。可就在 2016 年 12 月，在发现其在美国的原子能发电业务存在新的巨大损失后，东芝公司的决算即显示出，早在 2016 年 4 月至 12 月期间，集团整体就已陷入资不抵债的局面。

至此，东芝所涉足的所有领域中，只剩下半导体业务还在盈利。而公司决策层又动了卖掉这一业务的念头。"闪存"是智能手机中不可缺少的部件。此前有消息称，制造闪存的东芝半导体业务市值达 2 兆日元。已收购夏普的鸿海集团和美国半导体巨头威腾电子（Western Digital）都对收购这一业务表示出浓厚的兴趣。收购手续预计在 2017 年 5 月完成。如果无法按期完成转让手续，就将转入法律程序。① 退一步讲，即使转让程序顺利进行，东芝在中国等美国以外的国家的原子能发电以及相关的铀和天然气业务方面，也存在巨大亏损的可能。简言之，如今的东芝在"错走一步就跌入深渊"的崎岖栈道上栗栗而行，举步维艰。

值得补充说明的是，长久以来，白色家电业务一直作为东芝的

---

① 据《日本经济新闻》2018 年 3 月 27 日报道，东芝无法按期完成半导体业务的转让。——译者注

"脸面"而存在。从 1969 年 10 月起，东芝一直是动画片《海螺小姐》的独家赞助商。每个周日的晚上，全家坐在电视机前观看《海螺小姐》，已成为每个有小孩的日本家庭生活的一部分。提到动画片中插播的广告"闪耀的东芝"，几乎人人都能唱出那首耳熟能详的广告曲。

然而，当年耗费大量金钱和时间塑造的白色家用电器品牌，仅以区区 537 亿日元卖给了中国家电新秀美的集团，实在令人叹息。也许有人会想，"要是当初没有粉饰决算报告就不会是这个局面了吧"。但恰恰相反，"粉饰决算"是东芝在国际市场竞争中落败后不得已的结果，而并非造成企业解体的原因。

与亚洲新兴企业的差距一目了然

首先，我们就生产规模对新兴的亚洲电器企业①和老牌的日本电器企业进行一个比较。

2014 年度，东芝的总营业额为 6 兆 6559 亿日元。其中，白色家电的销售额为 2254 亿日元。与之相对，美的集团白色家电业务同年

————————

① 在日语中，亚洲这一概念指除日本以外的亚洲国家。——译者注

的总销售额达到 2 兆 7600 亿日元。仅从这一业务来看，美的的销售规模就已达到东芝的 10 倍。

据英国调查公司欧睿国际（Euromonitor International）的统计数据显示，以"Midea"为主打品牌的美的白色家电业务已占有 4.6% 的世界市场份额，仅次于荷兰品牌飞利浦（Philips），居行业第二；在收购东芝的家用电器业务后，极有可能跃居世界第一。值得补充的一点是，东芝的家用电器世界市场份额仅为 0.5%。

那么，在日本家电商城几乎看不到身影的"Midea"，为何如此热卖呢？

其中很大一个原因是美的擅长推出 5000—6000 日元左右的微波炉和 1000—2000 日元的电饭锅等低价家用电器。此类产品在中国家用电器界享有"物美价廉"的美誉，牢牢地把握住了中国国内广大单身人士的市场。

对于日本人来说，提到 2000 日元不到的电饭锅，第一印象一定是"便宜没好货"。然而，美的成功削减成本的奥秘在于砍掉了多余的功能。在降低价格的同时，完美地满足了人们"煮饭"的需求。此外，正是因为功能的集约，使得产品故障率也大大降低。即使日本厂商不愿接受，这样价格的微波炉和电饭锅也已经悄然成为全球家电行业中的主要竞争力量。如果想扩大在中国、印度以及东南亚、南美洲的市场份额，就必须有能力生产出这个价位的产品。

反观东芝，其主打的"石窑煲"售价是2万—3万日元，顶级型号的售价更是高达18万日元。这种定价与世界主流市场需求价格相去甚远，甚至可以用"不接地气"来形容。可见，日本电器业因不切实际的定价而被市场淘汰的现象不仅仅体现在移动电话业务上。

虽说日本国内对高端家用电器尚有一定的需求，但脱离国际标准定价甚远的电器总有一天会失去稳定的市场。以出售高端家电的东京都世田谷区二子玉川的茑屋书店为例，那儿的顾客多注重商品质量和时尚度，可即便在这样的卖场中，高端的松下冰箱旁也陈列着相对亲民的海尔冰箱。而在相对大众化的秋叶原电器连锁店友都八喜（Yodobashi Camera）里，韩国品牌LG和三星早已占据了最显眼的陈列位置。

同以前"中国制造"的运动鞋和T恤衫一样，亚洲的其他电器品牌早已疯狂地占据日本市场，渗透到日本人的日常生活中。起初消费者们还会觉得有一点"不对劲"，慢慢地这种感觉也逐渐转变成司空见惯。也许有一天，人们看到"日本制造"的家电时才会感到惊奇，就像如今看到日本制的T恤衫一样。

此外，值得补充的是，2016年1月，占据世界市场份额第七位的海尔宣布以54亿美元（约6370亿日元）的价格收购美国通用电气（GE）的白色家电业务。由此，已经收购三洋电机白色家电业务的海尔超越索尼，跃升至家电业排行榜第五位。至此，世界家电业前五位的企业中，中国、欧洲各占两席，美国有一家上榜，而日本颗粒无收……

早在 2011 年"就被超越了"吧

2016 年 6 月 23 日，在东芝的白色家电业务被美的收购的一星期前，夏普在大阪欧力士剧场举行的第 122 期股东大会上，宣布公司整体并入中国台湾鸿海集团。

鸿海以 3888 亿日元的出资获得夏普 66% 的股权。手续正式交接之后，鸿海的二号人物戴正吴出任夏普总经理，全权负责夏普的重组工作。

关于这次收购，日本国内反对声不绝于耳。其中以经济产业省为代表的官方力量以"绝不能将日本先进的液晶技术拱手让给台湾人"为由，提出了由代表官方资金的产业革新机构牵头，实施"国有资产挽救夏普"的援助方案。然而，考虑到多重现实因素，夏普的主力融资银行——瑞穗银行最终采纳了鸿海的方案。其理由是，鸿海的出资规模更大，方案更具体且可操作性更强。而"官方方案"中，经济产业省所描绘的将夏普与日立制作所和索尼的液晶屏业务并入东芝，从而组建日本最大的液晶屏巨头的美好蓝图缺乏商业上的现实性。

相较商业收购行为本身,"夏普并入鸿海"这件事对日本电器行业而言,在气势上的动摇更大。像"日本名门电器企业已经沦落到被亚洲新兴企业收购的田地啦!"诸如此类耸人听闻的说法在日本电器行业内不断地蔓延。

然而,如果抛开情感因素,只依据具体的统计资料来分析,夏普被收购这事件并非偶然。2016 年 3 月,夏普的年度决算显示,其当年的总销售额为 2 兆 4614 亿日元。与之相比,鸿海 2015 年的总营业额高达 16 兆日元。这一数额甚至远远超出日本电器行业的第一企业——日立制作所的年销售额(2016 年 3 月决算显示,其总销售额为 10 兆 343 亿日元)。

2005 年,夏普共生产液晶电视 1200 万台;同年度,鸿海承接生产的电子液晶屏幕订单数为 10 亿。在以中国大陆城市深圳为轴心的巨型工厂集群中,鸿海每年承接 1 亿台苹果智能手机"iPhone"液晶屏幕的生产。与此同时,还承包了美国戴尔笔记本电脑、索尼游戏机等其他世界尖端品牌电器的液晶显示屏的生产。

2011 年 8 月,时任夏普会长的町田胜彦为商谈与鸿海的长期合作关系造访台湾。在参观鸿海位于台北的技术开发据点时,他大为震惊——即使在夏普的工厂也极为罕见的日本制造的生产线,有序地陈列在鸿海巨大的生产车间,正进行着超大规模的 iPhone 零配件生产工作。技术人员娴熟的操作和极高的成品率令人叹为观止。

"我们已经被超越了啊!"

町田感慨道。他为曾经对鸿海的轻视感到惭愧。

"拥有这样大规模的精密仪器进行大规模生产,同时能有这样高的成品率,这是任何一家日本企业也做不到的啊!"

"如今日本的电器生产规模还停留在百万级别,而他们(鸿海)已经是十亿级的了。体量上差了三位数,根本无法相提并论了。"

正是认识到这一点,促使町田后来为建立与鸿海的合作关系而四处奔走。关于此,我们会在第三章详述。

然而,在2012年双方交涉伊始,除町田以外,整个夏普的决策层仍对鸿海抱有轻视的态度。诸如"他们之所以要合作只是为了获得日本最尖端的液晶技术吧!""跟他们合作对我们来说根本没有什么好处可言啊!"之类的声音不绝于耳。

当时,因业绩不佳之责而辞任会长的町田只是公司顾问,手中没有决策权,没有力量说服反对合作的势力,谈判一度陷入僵局,鸿海入资夏普的方案也就此搁浅。直到四年后,夏普的资金链再度断裂,主动向鸿海请求入资。那时候,夏普经营困难的事实已被业界所周知,鸿海提出以每股220日元的价格大量收购夏普的股权。值得一提的是,2012年双方商定的价格是每股550日元。夏普再次拒绝了鸿海的出资。几经反复,最终以每股88日元的低价成交。正是由于决策层不切实际的自尊心，让夏普股票的持有者蒙受了巨大的损失。

不过，如果只是苛责夏普一家，未免有失公允。多年来，以主推"丰田生产方式"的丰田汽车为代表的日本制造业一直给人一种"世界最强"的印象，然而仅就电器企业而言，这种自豪已沦为幻象。从生产角度来看，拥有100万员工，每年完成10亿台电器的生产和组装的鸿海集团早已经走在任何一家日本电器企业的前面。

从宏观资料看日本电器企业的"惨败"

从东芝的家用电器业务被美的收购、夏普并入鸿海、三洋电机的家用电器业务被海尔收购的事实来看，日本"名门"家电企业接二连三被亚洲新兴企业收购的现象可以用"弱肉强食"一词来形容。即使日本人在情感上还无法接受，可是日本电器企业确实已被亚洲新兴的同行远远甩在了后面。

事实上，收购夏普的鸿海在2017年3月就已经开始在广州筹备新型工厂，生产8K电视的主板。此项目由鸿海和广州市政府共同投资1兆200亿日元，旨在开发和生产世界上最先进的第10.5代液晶主板，为在今后的竞争中超越竞争对手LG和三星。反观日本，尚没有企业能以这样的速度和体量进行生产。

从具体的宏观资料来看，这一差距就更清晰了。2015年日本电子工业整体对外贸易赤字为1兆日元。也就是说，电视机、电子计算机、智能手机、半导体、电子组件等的总进口额超出总出口额1兆日元。

而在日本"泡沫经济"崩坏前的1991年，日本生产的电器的出口状况甚至可以比肩汽车业，成为日本对外出口的两大支柱之一。1991年，以电视机、DVD播放器、视频录像机和电子照相机为代表，日本电器企业出口处于全盛期，行业总体贸易顺差约9兆2000亿日元。而在此后不到四分之一世纪的期间内，9兆日元的顺差跌落为1兆日元的逆差，行业整体陷入出口赤字的状态。

据财务省（日本财政部）出口贸易数据显示，在雷曼公司破产导致的金融海啸（Lehman Shock）前的2006年，日本电视机以及影像类电器的出口总额为1兆5600亿日元。而到了2015年，此类出口总额降至原来三分之一以下的4865亿日元。无独有偶，日本的移动电话和智能手机业的年贸易赤字也达到了1兆7430亿日元。手机业内双巨头之一的苹果公司已将iPhone的生产委托给了鸿海在中国大陆的工厂，而搭载美国谷歌（Google）安卓系统的智能手机也基本在海外①生产。根据日本信息通信网络产业协会（CIAJ）的统计数据显

---

① 指美国和日本以外的国家和地区。——译者注

示，2015 年度，日本的移动电话进口额达 1 兆 7455 亿日元；出口额仅为 24 亿日元。

因为输掉的不是"主业"吧

25 年前，日本的半导体业也曾经历过与现在家用电器相同的处境。据 1990 年世界半导体生产商的总销售额排名来看，排在第一位的是 NEC，紧随其后的是东芝和日立制作所，日本企业独占了行业的前三位。排在前十位的企业中，也有六家来自日本。而在 2015 年的排名中，排在前三位的分别是英特尔（Intel）、三星电子和 TSMC（台湾积体电路制造公司）。排在前十位的日本企业也仅剩东芝一家（此资料来自调查公司 IC insights）。

与此相似的是，在移动电话和智能手机普及之初的 2000 年，日本企业 NEC、松下、夏普的世界市场份额也排在行业前列。但自从 2007 年苹果公司涉足智能手机业务，日系企业便逐渐跌出世界前十的位置。

日本电器巨头为何在半导体业和移动电话业节节败退？简言之，大概是因为这些业务对于日系电器公司来说，都不是"必争"的主业。

2015 年，半导体业务排在世界前五的企业分别为英特尔、三星电子、TSMC、SK 海力士（SK Hynix）和高通（Qualcomm）。除三星外，其余四家都以半导体业务为主业。甚至可以说，如果在这个行业失去主导权，这些企业整体就要陷入破产的危机。

于 2016 年 3 月去世的英特尔前 CEO 安迪·葛洛夫（Andrew Steven Grove）曾主导过英特尔从半导体内存到微处理器业务转型的重大项目。他生前的著作《只有偏执狂才能生存》（*Only the Paranoid Survive*）一书中提道："像偏执狂一样集中力量开发产品，投入资金，将竞争对手彻底击溃是我们在半导体行业中得以生存的唯一途径。"然而，将业务范围平铺到从重型机械到家用电器各个领域的"综合型电器企业"，正是缺乏这种偏执狂般的精神。对于这些企业来说，半导体业务不过只是众多业务中的一个。正是这种"即使失败了也不会导致公司整体破产"的"天真"经营理念，导致了日本企业半导体业务和家用电器业务的衰退。

1985 年到 1991 年间总销售额排在世界第一的 NEC 此后在 DRAM（动态随机存取内存：一种半导体内存，需要定时刷新以进行写入和读取）业务上全面输给了竞争对手三星。1999 年，NEC 将 DRAM 业务全面剥离，与日立制作所的 DRAM 业务整合，组建了尔必达内存公司（ELPIDA）。

时任 NEC 社长的西垣浩司在被问及做出此项决定的原因时，他回答道："因为我对于经营业绩不稳定的半导体业务不了解，所以才做出这样的决策。"而曾经造就公司半导体业务世界第一的佳绩的前社长、会长关本忠弘在股东大会上向西垣发难："作为曾经半导体行业世界第一公司的一把手，竟然说出不懂这个行业的情况的话，真是岂有此理！"

然而，这种"外行人做领导"的情况也不仅仅发生在西垣身上，这是"一纸调令"就能决定工作部门的日本"上班族集团"的通病。从这点上来说，日本电器巨头在某个特定业务上，既没有跟英特尔这样的偏执狂企业竞争的技术，也没有跟他们"死磕"的必要。

对于日本的电器巨头来说，半导体业务也仅仅是其众多业务中的一个副业。即使在此项业务上投资上千亿日元，并且在竞争中惨败，但对于 NEC 和日立公司整体来说，也还不至于"伤筋动骨"。如果不能把握这种日本电器巨头"主副业"分明的经营理念，就不能很好地解读如今日本电器企业衰退的真实原因。

"家族"经营

为了更好地说明日本电器企业凋敝的事实，我们需要在此回顾一下 NEC 的历史。

在 NEC 割舍半导体业务之前，1998 年 3 月的决算显示，NEC 年度总销售额为 4 兆 9011 亿日元。其半导体和个人计算机业务总销售额排名日本第一，被称为日本最大的 IT 企业。而事实上，当时 NEC 的半导体和个人计算机业务均已陷入赤字状态，全靠其"祖业"通信业提供资金支持。

NEC 通信部门的最大顾客就是赫赫有名的 NTT（日本电信电话）集团。NEC 曾是其前身日本电气于 1899 年与美国西方电器（Western Electronics）合并而来的国家政策型企业，二战后主要为日本电信电话公社（现 NTT 集团）提供电话交换器，此后逐渐发展起来。

1970 年代以来，NEC 逐渐拓展了计算机、半导体、个人计算机和移动电话业务。此后，渐次收购法国计算机巨头布尔计算机（BULL）和美国个人计算机巨头 Packard Bell，加速扩展海外市场。然而，就其根本而言，不过是 NTT 的供货商而已。

如今被世人熟知的 KDDI 和软银（Softbank）都是 1985 年日本通信自由化之后成立的移动电话公司。而此前，日本的通信市场都处于由日本电信电话公社独占的状态。由于行业垄断，不存在价格上的市场竞争，成本增加了就理所当然地要增加电话费，用户没有其他选择，只有听任价格变动。

现代社会，电话成为人们生活工作的必需品。在"使用电话就要跟 NTT 签约"的情况下，话费增加就如同国家"增税"。

所以在当时，日本国内通过 NTT 向国民"征收"的电话费就源源不断地流入 NEC、富士通、日立制作所、东芝、冲电气工业等器材制造商。这些企业就被业界称为"电（信）电（话）家族"。在 NTT 集团电信设备投资巅峰的 20 世纪 90 年代，每年有约 4 兆日元投入到通信业务中。由于政府实行"通信安全"主义，外资企业无法进入通信行业，所以每年 4 兆日元的订单实际上就是被有限的几家公司瓜分。

对于上述通信企业来说，NTT 不仅在技术上处于绝对的"上帝"地位，在人才的培养和分配上也掌握着绝对的主导权。通常从东京大学或者东京工业大学电子工学毕业的一流人才首先要在 NTT 设在武藏野市、厚木市和横须贺市的研究所接受培训，再被分配到"电电家族"各个公司的研发部门去。

以 NEC 为代表的"电电家族"对于"上帝"NTT 的评价是："虽然在技术上要求极为严苛，可在生意上确实是理想的伙伴。"其原因在于，NTT 既不会把价格压得很低，也不会突然减少订单，是一切按照预算和计划进行交易的"上等客户"。这一点也很好理解，对作为行业垄断的 NTT 而言，其自身不存在价格上的竞争，也就没有必要通过压低器材采购价格来降低成本。

邮政省主导的"增税"

如前文所述，早在通信市场自由化之前，电话费涨价对用户来说就像一种变相征税。那么主导这场"增税"的推手是谁呢？当时有权主导电话费涨价的部门是邮政省（现总务省）。

为什么政府一定要间接通过操纵 NTT 增加电话费而不是直接倡导征税呢？其背后还隐藏着一些门道。如果政府直接倡导增加消费税或者所得税，在民间就会激起诸如"真想把这届内阁轰下台"的反对呼声。而如果是电话费涨价的话，民众怪罪的就只是作为企业的 NTT 了。

通常在众议院选举前，执政党试图制造出国内经济状况良好的局面，就会暗示邮政省的官员有所动作。官员们对这种指示心领神会，立即着手让 NTT 具体操作增加电话费。这种变相的"增税"所获得的收入在 NTT 短暂汇集之后，再作为设施投资分流到与其合作紧密的"电电家族"公司里去。从而实现了基础设施投资迅猛，公司订单状态充盈，雇佣状态良好的景气局面。这种资金的流动与政府增加税收投入到公共设施建设，从而使资金从民众流到财政、大型建筑公司、地方建筑承包商，最终再回流到劳动者手中的循环类似。另一方面，为促进国内的消费形势，政府会暗示 NTT 的决策层在每年的"春斗"① 给雇佣者增加工资。如果控制了整个产业链的 NTT 率先给雇员增加工资，日本国内的众多企业就会纷纷效仿。

可是稍加思考，就会意识到这种促成短期经济状况好转的基础设施投资增加和工资小幅上涨的资金来源，都只是向民众多征收的电话费收益而已。现实生活中，民众很少会用心思考这种"羊毛出在羊身上"的逻辑。大家只是直觉上觉得"生活变得更好"，而欣然地将自己手中的一票继续投给现任的执政党。

骄兵必败

在自由竞争的市场中，商品的价格由供求关系的平衡点决定。而在没有竞争的市场中，价格则是由商品或者服务的提供方任意决定的。在 1980 年代前期，日本的通信市场就是由 NTT 一家公司垄断的。当时日本国内长途电话的价格是美国的 10 倍。以东京到大阪区间为例，3 分钟通话花费高达 400 日元。

京瓷的创始者稻盛和夫当时去美国出差。看到其公司在美国的

---

① 日本每年二月会举行倡导增加劳动报酬、缩短工作时间、改善工作环境的劳动运动。俗称"春季生活斗争"。——译者注

职员跟客户长时间煲电话粥而大为震怒。而美国职员却不以为意："我们的电话费并不值得您动怒啊。"这让稻盛首次察觉美日之间电话费的差距。意识到日本国民被强制征收高额电话费的事实让他开始组建第二电电，① 以此在该行业中引入市场竞争。

由 NTT 垄断整个行业进行国家变相"征税"，进而进行国家投资的行为，是不符合资本主义的市场规则的，反而像计划经济的做法。而缺乏市场竞争，产品就丧失了革新的动力。"电电家族"的通信器材生产商一直以 NTT 的要求进行研发，从而在技术的发展上走上了"日本特色"道路。然而这种缺乏国际化视野的发展战略最终令日本企业在世界市场竞争中逐渐失去优势。

在世界市场竞争中，这种缺乏价格优势又在技术上不思进取的企业本该很快就陷入经营困境，而正是 NTT 不断"喂奶"，才使得"电电家族"的资金链一直没有断裂。对于通信器材制造商来说，与其投入大量财力物力追求创新，还不如尽量满足国家和 NTT 高层的要求来得容易。时势如此，"电电家族"的经营者也便渐渐失去了民营企业家的气概，走上了趋附顺从的道路。长此以往，在 NTT 的宠爱和呵护中，这类企业的决策层逐渐失去了独立思考和决断的能力。

---

① 现日本三大通讯 KDDI 公司的前身。——译者注

日本电器企业在移动电话业务上的全面败北就是一个典型的例子。

NTT DoCoMo（NTT 的移动通信品牌）于 1999 年推出移动网络服务"iMode"，这在世界上实属首家。同时，NTT 还在日本率先推行第三代（3G）移动电话服务。当时 DoCoMo 的社长立川敬二慷慨激昂地说道："世界上没有哪家通信公司不想获得我们的技术吧。"当被问到开发和建设 3G 网络的资金如何回收的问题时，时任 NEC 社长的西垣浩司不觉失笑。他说："对于我们器材提供商来说，最紧迫的任务是快速地铺设好网络。至于如何使用和销售，那是我们客户需要考虑的事情。"

这里提到的客户，指的就是 NTT 和 NTT 网络服务的用户。对于自家提供的技术如何被使用的问题，压根没有思考过甚至不加过问，这就是"电电家族"管理层惯常的经营方针。

如果事情按照 DoCoMo 所勾画的蓝图来进行，当 iMode 成为世界 3G 网络的世界通行标准，那么生产 DoCoMo 制式移动设备的"电电家族"大概就会在世界移动终端市场中拔得头筹了。

当时，第二代（2G）移动电话的世界市场主要被北欧推行的"GSM"（Global System for Mobile Communications，即全球移动通信系统）所把持。如果在 2G 到 3G 的过渡期，能够率先在日本普及 3G 网络，DaCoMo 就能以成熟的科技能力占领世界市场。这是 NTT DoCoMo 和其追随者"电电家族"共同勾画出的宏伟蓝图。作为该家族"长兄"的 NEC 正是这个蓝图最忠实的拥趸，并在信号基站的铺设和移动终端的开发和生产中积极投入大量人力物力。

无论如何都想第一个实现 3G 网络商用化的 DoCoMo 在国际通用的 3G 网络标准尚未制定之时，就推出了其独立的 3G 网络服务 FOMA（Freedom of Mobile Multimedia Access，即自由移动多媒体链接），并于 2001 年 10 月在日本国内推行。以 NEC 为代表的日本通信器材生产商相继投入到 FOMA 制式移动终端的生产和销售中。然而，FOMA 与此后推行的世界标准在技术上有很大出入。日本的制造商想要适应这一通用标准，就要在技术上进行大幅改革。这比起一开始就依据国际标准研发和生产的诺基亚和三星等竞争对手来说，日本制造商在初期阶段就付出了双倍的努力。

除此之外，另一项棘手的问题在于日本移动通信器材制造商对市场状况过分乐观的估计。由于世界 3G 网络的普及比预计来得晚得多，花费巨额费用研发的 3G 移动终端只能在日本国内销售。因此，生产商的投资无法顺利回流，最终陷入长期经营困难的险境。

不光是生产商，作为战略企划者和领导者的 DoCoMo 自身也陷入 3G 战略的泥沼中。为了在世界范围内推广其主导的 iMode 3G 服务和日本的 3G 标准，DoCoMo 在 1998 年至 2001 年之间，斥资 2 兆日元收购海外通信公司股权。从战略层面上来说，这着实是一场空前的大作战。然而由于操作层面的问题，这次颇具格局的战略终以失败告终。其原因在于，DoCoMo 所进行的每笔入资，都仅仅取得对方公司 20% 以下的股权。这对于公司的决策缺乏决定性的影响，进而无法有效地在海外推行其所制定的 3G 网络规则和 iMode 3G 服务标准。

2001 年，IT 业泡沫崩坏，DoCoMo 参股的公司股价大幅跌落。即使公司决策层迅速做出减持的决策，其在海外投资项目上还是损失了 1 兆日元。时任 DoCoMo 社长的中村维夫对于其前任立川敬二主导的一连串海外投资做出深刻反省："正是由于缺乏先见做出决策才导致了这次惨败。"然而，公司遭受重创已成定局，再高明的总结也不过是事后诸葛。

2002 年以后，日本以外的各国终于开始相继普及 3G 网络。然而，欧洲和亚洲的用户大多选用与以往 GSM 系统相通的移动终端，而生产与 GSM 不兼容机型的 NEC 等公司只能看着诺基亚、摩托罗拉、三星等竞争对手快步发展而扼腕捶胸。

这对于"绝对效忠 DoCoMo"的通信器材生产商来说，何尝不是一场背叛。

至此，日本通信业"跟着 DoCoMo 走向世界"的宏伟蓝图正式化作泡影。

仅仅依靠技术万难取胜

2005 年以后，日本移动终端制造商逐渐从海外撤回。其中，NEC 中止了在中国和欧洲的廉价手机的研发与销售。松下也关闭了在欧洲和亚洲国家的研发据点和工厂，正式停止生产和销售 GSM 制式的手机。

这些移动终端生产商失败的原因并不在技术方面。他们在日本国内有从半导体、液晶显示屏到各类电子组件等一整套成熟的技术和先进生产设备。仅就开发能力而言，他们甚至超过诺基亚和三星。然而，他们缺乏的是"低成本生产与大量销售"的能力。

在当初的收音机、电视机时代，日本电器巨头正是依靠这种"薄利多销"的战略席卷了世界家电市场，从当时主流的电巨人（例如，RCA、真力时、飞利浦等电器巨头）手中抢得大量顾客。然而，在 NTT DoCoMo 的"过度保护"之下，这些企业的通信业务逐渐失去了生命力。

"没有必要与海外企业过度竞争"，这是当时以 NEC 为代表的生产商的主流态度。在日本国内移动通信迅猛成长的 1990 年代，移动终端的销量十分可观。即使只生产适应日本国内市场规格的产品，也足够赚得"盆满钵满",又何必为争夺海外的市场份额而承担不必要的研发风险呢。NEC 他们正是秉承这样的指导思想,按照 DoCoMo 的指示进行产品研发的。

在日本,移动终端设备由 DoCoMo 这样的通信公司进行销售,生产企业只是作为通信公司的委托方负责生产,其全部产品都由通信公司收购。也就是说,像 NEC 这样的手机生产企业的直接顾客并不是消费者,而是 DoCoMo 这样的通信公司。由于不直接接触实际的使用者,他们在开发时就难以尽到全力。

反观美国市场,由于消费者可以自由地选择终端设备,所以为了吸引更多的消费者,制造商就不得不在产品研发上煞费苦心。如果产品的功能和价格跟竞争对手相比没有优势,就会迅速被消费者遗忘。这就与前文半导体行业里《只有偏执狂才能生存》一书所描述的场景一样。作为综合电器生产商的一个部门,生产的移动终端既然有稳定的买主,自然不能算是破釜沉舟的偏执狂。曾作为半导体行业世界第一的 NEC 在半导体动态随机存取内存业务上早已尝到过败绩,本应该懂得"靠副业无法取胜"的道理,然而如今在移动电话行业的做法又重蹈了当年的覆辙。

在苹果和三星独自承担风险,斥巨资投入到世界规模的销售渠道拓展和品牌力构建的同时,日本的同行还在一味听凭 DoCoMo 的指示,完全没有承担风险的意愿和魄力。正是这种以"电电家族"

之名破坏市场竞争的做法，使得日本电器生产商在"温水"中，逐渐失去了以往的竞争力。

如此，日本的移动电话也陷入败境

给原本已经走向弱势的日本通信终端生产商带来致命一击的当属 2007 年登场的苹果智能手机——iPhone。正如过去索尼以"边走边听音乐"的理念推出的"Walkman"改变了人们的生活方式一样，iPhone 的出现也给人们的生活带来了巨大的改变。iPhone 所提出的智能手机的概念是"能放在口袋里随身移动的互联网"，而与之相比，日本制造商所推出的智能手机无非是"带液晶屏的移动电话"，两者在概念上绝不能同日而语。

日本电器企业真正投入到智能手机的生产是在 2011 年以后。这比苹果推出首款 iPhone 整整晚了四年。在此期间，三星早已投入生产的"Galaxy"系列智能手机，成为可与苹果比肩的"顶级智能手机品牌"。

令人不解的是，智能手机所用到的原件，从触摸板、小型液晶屏幕、半导体闪存到锂电池等的生产技术，在日本早已成熟。然而为什么把这些原件"拼装"成智能手机要比苹果晚了这么久呢？

就此，某咨询业专家指出："日本的生产商并没有尽全力推动智能手机这个产业。"这又要提到前文的内容，日本通信器材生产商的最大顾客是 NTT DoCoMo。在 DoCoMo 没有决定开展智能手机业务之前，没有哪家公司敢擅自行动。

海外战略失败而困守国内市场的 DoCoMo，只能期盼其倡导的"iMode 帝国"能够坚持得久远一些，然而智能手机就快"兵临城下"的事实，明眼人都看得出来。DoCoMo 只得祭出加大力气在年轻人群中推广"日本制式"手机的下策，"电电家族"也只能"舍命陪君子"。

看准这一绝好商机的是软银移动通信（SoftBank）的社长孙正义。2008 年，软银正式在日本销售 iPhone，引发了消费者雪崩式的转约①。随后，KDDI 也紧接着宣布发售 iPhone 手机，这打了 DoCoMo 一个措手不及。在使用者不断转约的紧急情况下，DoCoMo 终于给"电电家族"的移动终端企业下达了火速研发智能手机的命令。然而，这并不是一朝一夕就可以完成的任务。焦虑的 DoCoMo 只好放弃等待，转而与韩国三星和中国台湾的 HTC 签订合约，大量订制这两家公司生产的智能手机。

"我们如此忠诚，你怎么能这样？"NEC 等公司虽然对 DoCoMo

---

① 日本的移动电话业是签约购机制。当时想要使用 iPhone，用户就必须从 DoCoMo 解除合约而与软银签约。——译者注

的变节怨声载道，但败者的几句牢骚，究竟是掀不起什么风浪了。至此，日本移动电话产业已凋零殆尽。硕果仅存的也只有索尼、京瓷和夏普等几家"电电家族"之外的制造商。

另一个"家族"

"电电家族"的垄断式体制，是弱化日本电器产业的一个原因。然而，在电器产业背后，还隐藏着一个更严重的"病灶"。

这就是由东京电力公司领导的、以背负原子能发电业务巨额赤字的东芝为"正室"的"电力家族"。

日本战后电力行业的总体规划由通产省（现经济产业省）和电力公司制定，设备交由东芝、日立、三菱重工等重型电力设备公司生产。在三大电力重工巨头之下，被誉为"电线御三家"的古河电气工业、住友电气工业、藤仓负责电力传输器械；被誉为"电力计四天王"的大崎电气工业、东光电气、富士电机、三菱电机负责电力计的生产。上述公司构成的日本电力行业的基干至今仍发挥着举足轻重的作用。

与通信行业的情形类似，这些电力机械和器材公司也是通过与主流电力公司签订协约，以此获得稳定的订单。在 20 世纪 80 年代初期，日本国内对电力基础设施建设的投入力度巨大，占到了工业产业总投资的 40%。"电力家族"的规模可见一斑。

支撑如此巨额投资的资金来源是以"电费"为名的"税金"。从 2016 年开始，日本国内才开始实行个人自由选择电力公司的政策。而在此前，日本的电力用户是没有权力选择供电公司的。这么说也许是一种讽刺，如果用户不想选择东京电力公司的供电服务，要么忍受没有电的生活，要么就要搬家到东电管辖范围之外的区域。

1995 年，日本对电力事业法案进行了一些修改，允许大型建筑群和工业厂区自主选择供电单位。而此前，日本电力市场被十家电力公司所把控。在没有竞争的电力市场中，电费是由电力公司报国家审批后决定的。也就是说，电费实质上跟前文提到的电话费一样，是一种变相的"税金"。

以电费为名目的"税金"通过十家电力公司征收之后，再以设备投资的形式投入到东芝、日立、三菱重工等"电力家族"的公司中去。"电力家族"的成员负责按照电力公司的要求研发和生产发电机和输电设备。在这场交易中，产品价格从来不是交易的筹码。这样说来，电力设备生产商也是在没有市场竞争的"温水"中生存。

在电力自由化之前，十家电力公司在 1993 年度的设备总投资达

5兆日元。而其中，从海外引入的设备仅占总投入的2.5%。也就是说，这笔庞大的"税金"几乎没有流入国外企业，而全部落入日本国内企业的囊中。其中一大半被东芝、日立、三菱电机、三菱重工、富士电机、明电舍瓜分。

和"电电家族"一样，"电力家族"的成员也与官方保持着紧密的联系。通过设备投资、资费增长，协助政府保持对国内宏观经济的掌控。从原子能发电业务来看，其中的官商合作无论从政治意义、产业规模还是从紧密程度上来说，"电力家族"相对"电电家族"，都是有过之而无不及的。

以电力为纽带

"电力家族"和政界关系之紧密，从历代经济团体联合会（现日本经济团体联合会）首脑的名单中就能看出端倪。这一组织一直以来被誉为日本"财界总理"，其在经济产业界的领导地位可见一斑。经团联第二代会长石阪泰三和第四代会长土光敏夫出自东芝，第七代会长平岩外四出自东电。第一代评议员议长（二把手）石阪泰三和第十一代西室泰三出自东芝，第二代菅礼之助以及第九代、第十代那须翔出自东电，第四代河野文彦出自三菱重工。说经团联的要职是由"电力家族"和电力大客户新日本制铁公司的历任社长轮流坐庄也不为过。而由非"电力家族"的丰田汽车、佳能、东丽公司的社长出任经团联会长是近些年才有的事。

经团联成立于二战后的1946年。其成立的目的有二，其中之一就是"反共产主义"。二战后，对于日本占领者的美国来说，最担心的就是日本的共产主义化。在日本国内的各大企业内，劳动组合①如雨后春笋般成立，频繁领导工人发起争取权益的运动。作为大企业的经营者，他们有强烈的意愿团结起来，共同镇压共产主义领导的工人运动的大潮。

在劳动组合和革新政党所发起的"总劳动"大潮中，打着"总资本"大旗的经团联在各大财阀的支持下成立了。

对经团联来说，与"反共"并重的另一个使命是推动原子能发电业务在日本国内的发展。在东西冷战一触即发的时代背景下，反共联盟的领导者美国在艾森豪威尔主政期间，提出了"和平利用原子能"的政策，并开始向世界各国提供核电技术。当时，经团联作为日本的代理承担这一项目，而具体的事宜则交由东电和东芝去执行。

---

① 类似于工会。——译者注

美国的"背叛"

在日本通信、电力事业基础建设的高度经济成长期以及美苏两国对峙军备竞赛扩张的冷战期间，"电电家族"和"电力家族"作为日本经济的两大支柱，发挥了举足轻重的作用。

当时，美国出于"反共"的目的，几乎免费向日本企业提供半导体等先进技术。在日本企业能够独立生产电视机和汽车之后，又将日本制造的产品大量引进美国市场。这么做的目的在于快速促进日本经济发展，以培养日本成为其领导的反共联盟的得力助手。当时，美国一边在其本国内倡导电信巨头 AT&T 解体等举措，引进市场竞争机制；一边对于日本国内"电电家族"和"电力家族"破坏市场竞争机制的行为睁一只眼闭一只眼。

以高额通信费和电费滋养的"家族"企业，同时又以近乎倾销的价格将半导体制品卖到美国，彼时美国当局对此并没有怨言。

然而，情况在以柏林墙倒塌为标志的冷战结束的 1989 年发生了剧变。美国不再视日本为被保护对象，而是将其当作竞争对手来看待。如此，作为日本综合电器企业的竞争力"源泉"的贸易保护体系就此崩塌。这就是历史上被称为"日美贸易摩擦"的"日美构造协议"。

这项协议的开端，就是在日本通信行业和电力行业引入自由化市场机制，其目的在于摧毁一直以来通信和电力两大行业被"家族"把控的局面，从而将美国生产的半导体、通信器械、发电机组卖到日本市场。事实上，虽然日本国内引起了"美国的獠牙露出来了"的舆论恐慌，但实际上从美国进口商品的总额并没有增长。然而舆论的威力还是起到了弱化日本电器生产商的作用。

在通信行业，由于与新加入的新电信集团的价格竞争加剧，NTT 集团的年设备总投资由从自由化前的 4 兆 5000 亿日元，在 2005 年降到了 2 兆日元。在电力行业，由于独立发电企业（IPP）的加入引发的竞争，导致十家电力公司的年总设备投资额从最高时期的 5 亿日元降到了 2 亿日元以下。

电信、电力行业对于"家族"的"喂奶额"由最高值 9 兆 5000 亿日元降至 4 兆日元，电器业生产商们由此陷入困境。各个公司不得不拼命寻找代替 NTT 和东电的其他客户。屋漏偏逢连夜雨，2008 年雷曼公司破产引发次贷危机的爆发，使得液晶电视和数码相机销售情况低迷。四处碰壁的"GNP（国民生产总值）企业"日立 2009 年 3 月期决算时交出了亏损 7873 亿日元的史上最差成绩。日立被称为"GNP 企业"，原因在于明治维新之后，其作为主力参与了"建国"运动中电力、通信行业基础设施的构建，被认为是跟国民生产与建设同呼吸共命运的企业。而自雷曼危机之后，东电和 NTT 的成长模式对于日本电器行业的各企业来说已不再适用。

"电力家族"的瓦解过程

还没有从"雷曼冲击"中完全恢复元气的"电力家族"，又遭受到接踵而来的更大事件的冲击。那就是 2011 年 3 月日本东北大地震海啸所引起的东京电力福岛核电站事故。

震后海啸导致的全面停电引发了第一、第三、第四发电机组的氢爆炸。一号、三号、四号机组分别由美国通用、东芝、日立设计建造。在事故发生后，东芝和日立迅速向现场派遣了上百名技术人员，进行炉心冷却和污水处理工作。

当时由东芝负责的污水处理系统（多核种除去设备，ALPS）无法正常工作，不得不临时换上了日立的 ALPS 污水处理系统。虽然东电和整个"电力家族"倾全力进行事后处理，但由于不知道溶解后泄漏的核原料的具体位置，处理工作进展得并不顺利。与此同时，冷却炉心产生的废水不断增加，很快灌满了污水存储容器。

一直以来以"安全神话"著称的"电力家族"在此次事件的处理中暴露出技术上的局限。在日本国内市场"四面楚歌"的情况下，想要继续发展原子能发电业务，就只能把发展方针改向国外。然而，本应该在新国策"向海外输出原子能技术和设备"计划中发挥旗手作用的东京电力，却在"国有化"进程之后陷入"泥菩萨过江自身难保"的窘境，被巨额赔偿金压得喘不过气来。

可以说，包括"东芝解体"在内的日本电器行业整体崩坏的局面与"电力家族""家长"东电的萎靡有着不可分割的关系。

值得一提的是，东电福岛第一核电站的事故与后来东芝粉饰决算事件的发生并非偶然。东电在建设福岛第一核电站时，将防波堤的高度比设计高度调低了一些。这是因为在电力自由化之后，东电在自由竞争的电力市场中沦为了"普通"电力公司。所以，作为普通公司的东电不得不考虑经营的压力而压缩电力设备的投资预算。而且，原子能发电业务一旦发生事故就不受人力所掌控，作为普通公司，是没有足够的能力掌控全局的。此外，在本次事故之后，"废炉"工程、受害赔偿的庞大工作量和巨额资金也不是普通民间公司可以协调筹措的。而在"家长"东电失去"喂奶"能力之后，东芝粉饰决算的行为实属无奈之举。

电器企业的败战

二战后，长期以来瓜分电力行业收益的"电力家族"宣告瓦解，预示着日本国内新工业秩序的开始。

2015 年，隶属于冲绳电力的吉之浦天然气发电厂投入生产。其天然气发电机组购自德国西门子公司。这是十家电力公司首次购买外国公司的天然气发电设备。它标志着"电力家族"所实行的行业内"闭关锁国"政策的终结。

西门子是仅次于美国通用电气的世界第二号火力发电机组生产商。在电力市场自由化之前，即使实力如此强劲的公司也没有办法进入日本电力市场。

此后，电力市场实现法人、个人双重自由后，海内外电力设备公司争相涌入。高制造成本的"电力家族"在市场竞争中逐渐失去优势。在无法新建核电站的情况下，日本国内需要增加火力发电设备的投入，以实现在 2030 年前增产 4800 万千瓦的目标。而电力公司考虑到缩减成本的因素，势必要从海外企业购入发电机组和相关设备。也就是说，以电力公司为主导、"电力家族"瓜分设备投资经费的时代一去不复返了。

除此之外，在冈山县濑户市建设的日本最大规模的太阳能发电工程，由日本 IBM 公司和高盛证券公司（Goldman Sachs）共同运营。软银子公司 SB 能源也在岛根县、爱媛县等地区投资建设了 20 多家风力、太阳能发电厂。

受到新兴电力公司猛烈冲击的"电力家族"为求生存，只能走上重组的道路。2014 年 2 月，日立制作所和三菱重工的火力发电器材部门合并，新公司叫作三菱日立能源系统公司。

位于茨城县日立市、自日立创业以来即专事生产火力发电机组的"海岸工厂"也被并入新公司旗下。其中，三菱重工出资达 65%，日立公司仅出资 35%。通常情况下，"名门"企业间的重组容易出现双方因出资比率不均等而陷入僵持的局面。而背负巨额财务赤字、陷入困局的日立甚至放弃了企业过高的自尊以促成此次重组。

大胆放弃亏损业务以恢复企业活力的日立会长中西宏明曾立下豪言道："我们要重新回到能与美国通用电气抗衡的时代。"然而，2013 年 3 月的决算显示，日立全年的总盈利为 6000 亿日元左右。这个数额仅相当于通用电气总盈利的四分之一。在市场自由化之后，日本国内电力、通信业的收益早已不能与当初相提并论。

"电力家族"和"电电家族"这两座支撑日本战后电器行业的巨型金字塔的倒塌，是日本电器企业"全军覆没"的最根本原因。

今后的改革才是关键

虽然前文提到了很多不可抗拒的因素，然而对于日本电器企业来说，并没有落到"不得不败"的地步，仍有避开后续失败的道路、重新崛起的可能性。关键要看接下来的"革新力"。

在此，我们举一个诺基亚绝地反击的例子。曾经占据移动电话业市场份额第一的诺基亚，也在向智能手机转型大潮中落后于时代，在 2013 年陷入经营困难的境地。2014 年，诺基亚不得不将其主力业务之一的移动终端业务以 4000 万欧元（约 6500 亿日元）的价格卖给美国微软公司，并在此后专注于通信基础设施业务。当时日本国内曾一度兴起"诺基亚完蛋了"的热议。

然而，此后的诺基亚不但将西门子的通信基础设施收入囊中，还于 2016 年 1 月以 156 亿欧元（约 2 兆亿日元）的价格收购了其最大竞争对手阿尔卡特朗讯（Alcatel-Lucent，法美合资）的相关业务。如今，诺基亚是世界最大的通信基础设施公司，公司总利润不逊于移动终端业务鼎盛时期。

日本电器企业的失败，是由于"电力"与"电电"两大家族在非自由竞争时代的过度"喂奶"而让企业"肌无力"，在"偏执狂"海外企业的猛烈攻势下失去了还手之力。而如今，电器业两大金字塔的瓦解，势必促使各大电器企业努力寻找各自的生存空间。

虽然过去 30 年中节节败退的经历在一定程度上消耗了各大电器企业的资本，然而其人才、技术和经验上的优势尚存。通过合理的改革，还有像诺基亚一样恢复往日辉煌的可能性。

　　然而，改革的前路也并非坦途。想正确地重生，就必须清晰地
认识到当初吃哪一堑，未来长哪一智。从下一章开始，我们将对各
家企业逐一进行深入分析。找出其失败的本质，并对其未来的发展
进行理性探讨。

1 东芝

"电力家族正室"走向解体

沧为"废炉公司"的道路

曾经总销售额高达 5 兆 7000 亿日元（2016 年 3 月决算），拥有 19 万员工的巨型战舰——东芝，现如今正逐渐沉没。2015 年，被揭露连续七年在决算上造假（虚报利润约 2300 亿日元）、三代社长接连辞职，仅仅是东芝沉没的序章。

　　2 年后的 2017 年，东芝的原子能发电业务的亏损逐渐明朗化。为填补该事业造成的约 1 兆日元的赤字，东芝不得不做出出卖集团唯一盈利业务——半导体业务的艰难决定。

　　有着 142 年历史的名门企业、综合电器巨头东芝，在此时已经宣布"消亡"。这实际上是多年来日本电器企业依存东京电力和 NTT 的经营模式的终结。

出卖掉最后一个支柱业务

　　2017 年 2 月 14 日，在东京浜松町总部召开的记者招待会暴露出东芝公司将会发生巨大变故。按原计划，东芝在当天公布2017年度第三季度决算结果后，会敦促发表其在美原子能设施建造子公司石伟公司（Stone & Webster Construction，S&W）的资产减值损失额。资产减值损失额按照字面意思理解就是在投资无法全额回收的情况下，以投资总额减去资产价值之后所得。东芝在2016年年末曾做出"S&W的资产减值损失额大概为数千亿日元规模"的暧昧说明。

然而，过了预定的下午四点，记者招待会仍没有举行。

"今天的决算发表取消了。"

公司宣传部门的负责人突然宣布，由于跟监察委员会之间没谈拢，决算发表会将延期一个月举行。聚集在会场的记者们一片哗然。据说东芝高层在其美国核电子公司西屋公司（WH）的会谈现场施加了"不合理的压力"，事件的详细情况正在调查中。

当日下午6点30分，东芝社长纲川智和负责财务的专务董事平田政善出现在会场，对发布会的临时取消做出了解释。

纲川说道："目前为止，我们还没有得到监察公司的最终确认，只能对东芝单方的构想做一个说明。"随后，东芝宣布其2017年度第三季度财务决算的结果和S&W资产减值损失的估算额。此前发布的"数千亿"的具体数额是7125亿日元。算上这一损失，东芝2016年12月期的总资本达到负1912亿日元。已经陷入相当于破产的债务超过状态。

　　如果这一状态持续下去，在 2017 年 3 月年度决算时，东芝的主要融资银行就会将对其投资判定为"不良债权"，并停止后续投资。一旦资金链断裂，就意味着公司彻底破产。为解除这一债务超过危机，东芝不得已决定将最大盈利部门改组成半导体业务子公司，并出卖子公司的一部分股权。

　　对于股权出让的份额，东芝最初表示控制在 20% 以下。而当日，纲川一改此前态度，表示公司的方针发生了大幅改变，不一定要坚持控股。事实上，由于原子能发电业务的减损额过大，使得东芝走到了不得不考虑整体卖掉半导体业务的地步。

　　东芝的半导体业务主要生产智能手机所需要的 NAND 型闪存。世界上能生产这类产品的公司仅有东芝和韩国三星等几家企业。在中国智能手机急速成长的大背景下，手机企业对于东芝生产的闪存可以说"有多少收多少"，市场前景一片大好。当时，仅这一项业务的市场估值就达到了 2 兆日元。

　　为填补原子能发电业务产生的巨额财务赤字，东芝此前便以 6655 亿日元的价格将医疗器材业务转让给了佳能。NAND 型闪存业务实际上已是东芝唯一的盈利业务。如果再将其卖出，可以说东芝就将失去靠自身力量重生的可能性。那么，支撑东芝的主体业务，就只剩下深陷泥沼、无法估算损失额的原子能发电。

"没有恶意的财务过失"的谎言

在此，我们对东芝崩坏的全过程进行一个简单的回顾。曾作为人气动画片《海螺小姐》的赞助商深受国民喜爱电器名门东芝，其全面崩坏之路从 2015 年春天开始。

当时，一封内部告发信直接寄到了证券交易监督委员会。举报东芝在过去七年内共篡改财务报表达 2300 亿日元。

对此，东芝的回应是，这仅仅是一场"不恰当"的财务过失，行为本身并不存在恶意。然而，据第三方调查结果显示，东芝过去三任社长西田厚聪、佐佐木则夫、田中久雄均参与过财务造假。随后，上述三人与其他五名董事向董事会递交辞呈。

曾经出过两任日本经团联会长，又出过多位财界要员的名门企业被曝出如此前所未有的丑闻，足以让民间哗然。然而，对于东芝这样的主要赞助商，以报纸为主的主流媒体均采取宽容态度。在报道中，各家媒体统一口径将"财务造假"说成"财务过失"，甚至有报刊出面引导舆论，称"公司高层已纷纷辞职，事情也该结束了"，试图息事宁人。

然而，总额 2300 亿日元的巨额财务粉饰行为，实则是在为公司主体暴露出的巨大漏洞做掩饰吧？

那么，东芝究竟为何要铤而走险染指财务造假呢？为探究这一巨大黑洞的真相，我们来对日本电器产业整体的结构性缺陷进行进一步分析。

报告书中没有提及的真相

2015 年 7 月 20 日，东芝决算造假事件通过第三方调查委员会（由东芝出面组织的）发表的报告书被公之于众。如果作为消遣读物来看，这部报告书似乎可圈可点。

"西田厚聪社长指示：公司现在陷入紧急状态。务必向 PC（个人计算机）和网络子公司下达命令，要求其做出最大努力，将第一季度营业利益从预计的 52 亿日元提到 82 亿日元。"

"佐佐木则夫社长指示：上一季度提出的盈利额 89 亿日元造成的赤字还没有填补上。'这样不行啊！拿去重做！'"

"2013 年 9 月 13 日，田中久雄社长对久保诚副社长做出'绝密指示'。要求其增加'买卖贷款'（东芝个人计算机业务增加利益的一种手段），以求将电子产品和服务业务的赤字控制在 99 亿日元以内。对此，久保诚副社长做出回应，'照理说只要是田中社长的命令，我应该尽全力执行。但我个人对增加买卖贷款额这一举措持反对意见！'"

文中惟妙惟肖地描写了西田、佐佐木等社长向其他高层施压，以篡改财务报表的始末。情节仿佛出自热播的电视连续剧。总览全文，惊心刺激的描写长达 294 页，作为读者，可谓是一卷在手，茶饭不思。在此不得不称赞上田广一委员长（原东京高等检察厅检察长）和松井秀树委员（东京丸之内综合法律事务所首席合伙律师）的文字功底了得。

7 月 21 日，即报告书提出的第二天，时任东芝社长的田中久雄召开记者招待会，宣布包括自己在内的三任社长同时辞职，算是履行了公司系统的内部自净程序。据说当时田中的表情甚为叵测。

然而，细想便知，从调查到辞职这一系列举措无非是一场有计划的闹剧。第三方调查委员会不是官方的仲裁机构，而是由东芝所选的委员组成并由其出资运营的组织。由此推断，既然委员们由东芝出钱雇佣，就不排除他们"拿人钱财、替人消灾"，按照金主的要求撰写报告的可能性。

调查报告的结论部分写道："经过本委员会的严正调查，我们判定东芝在财务处理过程中，存在严重的过失。这种行为辜负了股东的信赖。作为调查方，我们既感到惊讶又深表遗憾。"

从措辞上来看此结论像是对东芝的严正讨伐，实则是严格依照公司指示，避开了原子能发电业务这个"雷区"，做一些无关痛痒的指摘而已。同时，对于粉饰决算报告事件，并未使用"不正当""造假"等严厉措辞，而是以"不恰当""计算错误"的暧昧表达敷衍塞责。

该报告书对西田、佐佐木、田中三位前社长以"争取""努力"为名的造假行为进行了过度的描写，无非是想以此提高报告书的可信性，向公众表明委员会在调查过程中始终不曾倦怠，尽职尽责。

然而，关于数额高达2300亿日元的财务造假，牵扯其中的又何止数百数千名员工。仅以"前任社长和负责财务的高管知晓"为托词，未免荒唐。实际上，整个财务造假过程中，有多位高管和员工有组织、有计划地参与其中。报告书中，把责任都归咎在前任社长和财务高管的头上，无非是出于对其他同伴的保护。

撰写这篇报告书的另一个目的是想把公众的视线从东芝公司主体的巨大黑洞上引开。而黑洞的中心就是东芝2006年收购的美国原子能发电设备制造商——西屋公司。

在此我们不妨抛出结论：东芝在跟西屋公司关联的业务上已经产生约1兆日元的减值损失。其中2300亿日元财务造假的目的就是为掩盖原子能发电炉炉心熔融事故的真相。

超高价收购

美国首家涉足原子能商用业务的西屋公司，是与美国通用电气、法国阿海珐（AREVA）齐名的原子能业界三巨头。2006 年，东芝出资 54 亿美元，按当时汇率折合 6600 亿日元的价格收购西屋 77% 的股份。成功收购美国首家原子能名门企业对于东芝时任社长西田厚聪而言，可谓是志得意满。当时，有意向收购经营业绩不景气的西屋公司的日本电器企业不只东芝一家。其中，包括三菱重工在内的日本原子能发电业界巨头都对此表现出了浓厚的兴趣。然而，在东芝"果敢"的攻势下，竞争对手纷纷在竞标中退出。当时，三菱重工负责人在接受报刊采访时曾说道："按照一般计算方法来说，西屋的市值不过在 2000 亿日元上下。即使乐观估计，也不过 3000 亿日元。"

东芝开出市值三倍的价格击败对手，将西屋斩落囊中。在经历过福岛第一核电站事故的今天来看，这是一笔草率的买卖。可放在当时，对东芝上下来说，这一成功的收购却是一场大快人心的胜利。在当时，世人关于三里岛和切尔诺贝利核泄漏事件的记忆逐渐淡薄，对于无温室气体二氧化碳排出的绿色能源之一的核能持正面态度。

即便是在三里岛事件之后提出全面停止新建原子能发电设备的美国，也提出了"原子能复兴"的口号。时隔 30 年，美国终于有了新建原子能发电设施的计划。当时有重型电机分析专家预测："2030 年以前，全世界范围内有可能新建 150 核电站，市场规模将达到 30 兆日元。"

在成功收购西屋几天后，接任西田社长位置的佐佐木在经营方针会议上豪迈的宣布："在 2015 年以前，东芝计划接受全球范围内 39 台原子能发电机组的订单。"虽然日本国内舆论对于核能尚未脱敏，在日本国内新建核电设施几乎不可能，然而美国已打出"原子能复兴"的强劲口号，世界上其他新型国家也面临电力不足的发展瓶颈，扩大核电生产势在必行。那么，作为公司的下一步发展战略，原子能发电技术和设备的输出势必成为取代电视机、手机业务的新支柱。基础设施输出的战略不仅仅是东芝一家独断的结果，而是当时经济产业省甚至首相官邸主打的日本经济复兴的基本国策之一。

媒体对花重金的西田予以极高的评价，甚至给予其"领袖经营者"的称号，然而并没有对 6600 亿日元的高额收购价的合理性做出分析。如果市场照着佐佐木的设想发展，39 台机组以每台 5000 亿日元的价格售出的话，总销售额将达到 20 兆日元的规模。那么 6600 亿元的收购价无非是九牛一毛。结果，大多数局外人都盲信了东芝的这个粗暴推算。媒体也好、分析师也罢，在做出判断时，都忽略了对东芝衰弱的财务体系的客观认知。

西田的野心

为什么东芝在这一收购上如此逞强？这背后是有多重原因的。

第一，这与西田本身的野心有着不可分割的关系。他当时瞄准了经团联会长的交椅，希望成为继石坂泰三和土光敏夫之后东芝派系的第三位会长。

西田毕业于东京大学研究生院，研究生期间从事西洋政治史的研究，是业界有名的知识分子；早年曾有在欧洲和美国驻外的经验，能讲一口流利的英语，又娶了伊朗女子为妻，是公司内为数不多的国际派。然而，他本人并没有从事过东芝的主干业务重型电器的工作，而是靠主导建立个人计算机业务崭露头角。

2003 年，西田出任东芝个人计算机业务执行董事，仅用数月时间就将 10—12 月季度亏损 142 亿日元的局面扭转过来。2004 年，同期营业额实现 84 亿日元的盈利，这一事例被业界称为"西田魔术"。

时任东芝会长的西室泰三正是看中了西田这一出众手段，将其拔擢为社长。然而，西田并不只满足于东芝社长这一职位。

"恐怕没有人比我更合适出任下一任经团联会长了。"

西田的司马昭之心，可谓路人皆知。想要坐上这一被称为"财界总理"的位子，就要拿出可以服众的成绩。西田以强硬手段收购西屋，就是为了借此提高自己作为企业经营者的威信。

经济产业省对西田的野心给予了侧面的支持。在电视机、手机等电子产品出口状态低迷的情势下，经济产业省打出了原子能发电设备和服务出口的新王牌。

"推进原子能产业"是二战后经济产业省一贯的基本政策。然而，在日本国内，大间核电站的竣工为新期的原子能设备建设画上了句号。"这样下去的话，技术的开发就无法维系了。"出于这种考虑，经产省、东电和核电机组生产企业在"原子能发电输出"战略上一拍即合。或者说，为促进这一策略顺利实施，经产省方面是否曾私下向西田暗示过也未可知。"如果对国策的推行做出巨大的贡献的话，（您）个人就向经团联会长的位置迈出了重要的一步。"

西田对于原子能发电事业不甚了解，当时为收购西屋奔走效劳的是电力系统部门的负责人佐佐木则夫。佐佐木从入职东芝以来，就一直从事原子能发电业务，在此次大型收购中，他全程参与，挥洒自如。作为功臣，佐佐木接替西田，坐上了东芝社长的位子。

东芝人事抗争史

2009 年，将社长之位让给佐佐木，自己出任东芝会长的西田以完全之势投入到 2010 年经团联会长的竞选中。日经联当时的会长是来自佳能的御手洗富士夫。

当时日本国内众多企业受雷曼冲击的影响，经营业绩大幅下滑。公司内部尚且自顾不暇，其高层也无意参与经团联的选举。东芝虽然也有小幅亏算，然而比起竞争对手日立制作所 7000 亿日元的赤字规模来说，其 3000 亿日元的赤字简直算是擦伤。不过，回想起来，这无非是东芝以财务造假手段掩饰出的轻伤，可以说是西田的经营手腕。

这种情况下，日本企业界几乎找不出能与西田抗衡的竞争对手。"西田接任会长"的小道消息早已在业界传播开去，就在其本人也深以为然的时候，意想不到的事情发生了。多个加入经团联的企业提出异议，称"不能由同一家公司成员同时担任两个经济团体领导"，而时任日本商工会议所主席正是东芝顾问冈村。

西田乐观地以为冈村会因此辞去主席的职务。他的推测不无道理：一来，冈村于 2007 年担任商工会议所主席以来已满 2 年；二来，东芝上下均希望实现继土光敏夫后，经团联的会长能够再次由东芝的高层担任。不出意外的话，冈村也会为了大局欣然而退吧。

然而，当时冈村并没有辞去商工会议所主席的职务。冈村的前任，被称为"帝王造就者"的西室泰三也表示"西田君（出任会长）还为时尚早"。

关于西室阻止西田出任会长一事众说纷纭。当时，西田接任冈村就任社长也是西室的意思；他对于西田染指财务造假的事情也完全知情；在担任社长期间，曾对时任个人计算机业务负责人的西田的"富于挑战"的经营手段大加赞赏。虽然这种清浊并举的经营方式得到了西室的肯定，然而此后事态发生了剧变。在佐佐木和田中接任社长以后，这种牵强的经营手段不断升级，直至事态无法得到有效控制。

曾历任经团联副会长、东京证券交易所会长的西室此举大概出于"东芝内部城门失火，会殃及自身仕途"的考虑。在东芝财务造假败露，引发舆论哗然的时候，西室的事业恰逢"春风得意马蹄疾"的大好局面。在政府的指派下，他将出任上市前夕的日本邮政社长之职，又在首相出席的二战七十周年纪念谈话活动中担任会谈主席。当时的西室可谓是日本"炙手可热的财界要人"，他不会希望被卷入东芝的经营丑闻中去。

以证券交易监督委员会收到东芝内部第一封检举信为开端，西室、西田、佐佐木等人陷入了漫长的"猜心暗斗"的微妙阶段。

会长在杂志上对社长"公开批判"

第一封东芝内部告发信是针对个人计算机业务的决算造假事件，而个人计算机是西田的本行，这几乎说明这是西田的敌对势力发起的攻击。随后，第二封告发信寄到了证券交易监督委员会的桌案上。这次是针对原子能发电和其他基础设施的业务决算粉饰事件的检举。原子能发电业务一直以来由佐佐木分管，告发的矛头直指佐佐木这一事实不言自明。虽然其中具体的原委尚不明朗，但西田和佐佐木的对立局势逐渐浮出水面。

"东芝的高层之间到底发生了什么……"

东芝高层之间的矛盾首次被世人所知是在 2013 年 2 月田中久雄就任的记者招待会上。时任会长的西田面向田中发言道："希望公司能在你的领导下回到发展的轨道上去。"时任社长的佐佐木面露不悦地回击道："我认为我在任期间已经将东芝领回到了正确的轨道上。"新社长的就任发布会本该一团和气，然而会长和社长的公然对峙将公司高层不睦的现状公之于众。

此后，二人的公然对峙进一步激化。在临近股东大会的 5 月，西田接受著名杂志《周刊现代》的采访，表达了对佐佐木的严厉批判。

"当时是我提名佐佐木做社长的，对此我负有用人不当的责任，我认同这一点。然而，如果这样下去，东芝的未来将是一片灰暗，这也是事实。公司如果不做出决断，重新考虑合适的人选，那么东芝很难在困境中重生。"

对此言论，西田还给出了下列论据加以佐证。

"他醉心于公司内外的大小会议，而很少履行作为公司最高负责人的高层销售职责①"。

"他缺乏海外工作经验，缺少必要的英文沟通能力。"

"在他当权期间，公司的股价落后于老对手日立制作所。"

纵观商界，公司高层之间的不睦并不罕见，而前任对后任进行如此猛烈的批判还属首次。按照东芝的惯例，社长卸任之后将顺理成章地接任会长之位。而佐佐木社长卸任之后，西田并没有让出会长的位子，而是安排佐佐木坐上了不尴不尬的副会长之位，由此可见西田对佐佐木的不信任。

那么，西田对佐佐木的恶意因何而生呢？

有一个很有力的说法是"出于西田对佐佐木的嫉妒"。

---

① 指高层的商务社交。——译者注

西田一直以来渴望坐上经团联会长的位置而不得。推进原子能出口而受到政府青睐的佐佐木却成了经济财政咨询会议议员。这一职务一直被视作升任经团联会长的前奏，可见佐佐木作为财界要人的地位由此得到进一步稳固。

"我担任社长时积极推进的业务，结果业绩全都算在了你的头上！"也许在西田胸中，一直郁积了这一股怨恨。

决算造假"共犯者"之间越来越盛的嫌隙，最终导致了公司内长久隐藏的秘密的泄露。现如今，东芝陷入日本工业产业史上最大的决算造假丑闻中，公司实质上已面临破产，恐怕经团联的会长再也不会从东芝公司中产生。而这一系列的悲剧，都源于二人之间近乎偏执的内斗。从这一点来看，不免有一层讽刺的色彩。

没有成长业务的悲剧

在这里，我们不禁要追问一个最根本的问题：作为财务造假等一系列事件起源的西屋公司，到底值不值 6600 亿日元的收购价？

西屋曾是与通用电气比肩的美国著名重型电器制造商。从 20 世纪 90 年代开始，陷入经营困难的状态。英国核燃料公司（British Nuclear Fuels Ltd.，BNFL）曾于 1999 年以 2000 亿日元的价格将其收购。然而，这一收购非但没有扭转西屋经营不振的局面，反而使英国核燃料公司也陷入窘境，不得不在短短七年后做出将其转手的决定。

正是看准这一时机，东芝斥 6600 亿日元巨资将西屋收入旗下。虽说这一举措顺应了日本"原子能发电出口"的国策，然而站在客观的立场来看，这一收购对于东芝来说未免有些"打肿脸充胖子"。

这一体量过于庞大的收购给东芝的资产负债表（Balance sheet）造成了巨大冲击。2007 年 3 月的年度财务决算显示，东芝的"暖帘费"为 7467 亿日元，是前一年同期的 6.5 倍。这里的"暖帘费"是指收购公司的真正市值和收购价之间的差额，代表所收购公司的未来价值。① 虽然 7467 亿日元的"暖帘费"并不都来自西屋，但据推算有一半都与收购西屋有关。

如前所述，如果西田提到的新建 33 台以及佐佐木提到的 39 台原子能发电机组的订单能实现的话，西屋的企业价值自然会大幅度上涨。这样就有可能填补高价收购时产生的巨额"暖帘费"。然而，这 33 台或是 39 台机组的订单本身也是为了促成高价收购而虚构出来的。为了掩盖一个谎言而不得不编造更多谎言，这就是为了当选

---

① "暖帘"是日本店铺挂在门上的帘子，通常印有商家的点名或者图标。暖帘本身没有价格，是店铺口碑和品牌力的代表。这里的"暖帘费"指的是公司的品牌力等无形资产。——译者注

经团联会长的西田和曾以他马首是瞻的佐佐木亲手编织的东芝的失败漩涡。

东芝斥巨资收购西屋的另一个原因是企业缺乏真正的尖端业务。在收购西屋的 2006 年，东芝在液晶显示屏业务上已落后于其他对手，实际上公司已经没有可以引领未来发展的成长业务。

2004 年，东芝曾携手佳能，共同出资设立新公司，计划量产新型表面传导电子发射显示器（Surface-Conduction Electron-Emitter Display，SED）。可惜这项技术的开发最终没有成功，反而令东芝在家用电器业务上继续败退。为了使公司摆脱这种胶着的状态，公司高层决定将未来的发展战略赌在原子能发电业务上。

不幸的是，随后爆发的雷曼冲击，使得这一项巨额投资大幅缩水。加之 2011 年的东日本大地震，又给这一原本失败的投资一记沉重的打击。

自福岛第一核电站氢爆炸事故发生的当日起，世界范围内一大半的核电站建设项目被迫中止、冻结。对东芝来说，39 台原子能发电机机组的订单自然成为泡影。

如果是一家理性的公司，在没有可能全额回收"暖帘费"的情况下，合理的做法是对西屋公司的实际价值进行重新估值，并做出资产减损处理举措。然而，正处于与西田权力斗争漩涡中的佐佐木，在地震发生一个月后的 2011 年 4 月，在各大媒体的采访中做出以下激进的表态：

"西屋公司的主要盈利业务在于原子反应堆的维护和核燃料的供应，即使新核反应堆的建设计划推迟，也没到做出资产减损处理的地步。"

事实上并非如此。当初东芝正是基于 6600 亿日元的高额收购价，做出 39 台新机组建设的预想。而在机组新订单全部冻结的情况下，减损处理才是理性的经营者应该采取的措施。

在通常情况下，对于这样冒进的举措，银行和媒体本应该发出质疑的声音。然而在福岛第一核电站上空积卷的恐怖白烟的影响下，整个国家的注意力都聚焦在这一重大事故上。拥有众多原子能发电技术人员的东芝被视作控制和终结危机的救世主，集世间的期待于一身。在这样的情况下，没有人会注意到公司的资产负债情况是不是出了问题。

没有被注意到的死角

在东日本大地震的影响下，东芝的原子能发电业务已陷入极其不正常的状态。其实，东芝本有机会在更早之前，即 2014 年 3 月期的决算时，察觉到这一状况。

当时，承担东芝外部监察业务的新日本有限责任监察法人，曾就西屋在美国实行的新一轮原子能发电建设计划（South Texas Project, STP）提出过减损处理的要求。与此同时，新日本建议：由于这一项目没有按照计划顺利进行，东芝有必要对"西屋的企业价值进行重新评估"。

"南得克萨斯计划"（STP）是东芝、东京电力和美国电力巨头NGR能源公司（NGR Energy）共同主导的项目。东芝为此出资和融资600亿日元。然而，为处理东日本大地震福岛第一核电站事故而背负巨额债务的东京电力已无暇开发和管理海外的原子能发电业务，故而不得不中途退出。随后，NGR也中止了在此项目的后续投入。

这样一来，STP项目实质上已然搁浅。东芝已为此投入的600亿日元，在项目中止时应该进行资产减损处理。这是财务上的惯例。然而，东芝以"将继续寻找新的合作伙伴"为由，拒绝新日本提出的关于减损处理的主张。

双方僵持到最后，还是通过了监察法人新日本提出的对于STP项目的资产减损处理方案。东芝不得不在2014年3月期的决算上填上减值310亿日元这一项。即使东芝找到了新的合作伙伴，也已错过了项目的实施时期，减值是唯一的解决方案。

通常情况下，媒体和经营分析师应该注意到东芝这一经营破绽。

对 STP 项目做出减值处理，作为项目运营主体的西屋，其企业价值也必将随之下降。那么，公司自身应该有资产减值带来的损失。新日本之所以对 STP 项目提出减损处理的要求，是因为察觉到在东日本大地震之后，东芝在原子能发电业务上的计划过于冒进。按照常理，西屋和东芝应该对这一计划进行慎重的分析。

新日本再三催促东芝迅速对西屋做出资产减损评估。然而东芝非但拒绝了新日本的建议，还对其进行恶劣的威胁。可媒体和企业经营的分析机构对于东芝和新日本在水面下的博弈没有丝毫觉察。

东芝自身的"炉心熔融"

东芝无论如何也不想对西屋进行资产减损处理是有其原因的。

在西田和佐佐木的时代，东芝展开了包括西屋在内的一系列激进收购举措，这使得公司的资产负债表上有总额高达 1 兆日元的"暖帘费"。如果东芝对西屋进行减损处理，那么近一半的"暖帘费"将不复存在。也就是说，相当于公司资本金（股本）1 兆 4000 亿日元的一半将不翼而飞。除此之外，潘多拉的盒子一旦打开，公司将面临债务超过的局面，由此将被银行列入"存在经营困难隐患的公司"，从而无法获得新的融资，使公司的经营状况进一步恶化。

在东芝多个业务同时盈利的年代，监察法人也不会对西屋的"暖帘费"进行过度苛责。然而在雷曼冲击之后，东芝的家用电器、个人计算机、电视机等民生业务接连陷入亏损状态，使得公司整体利润的"水位线"大幅下降。丧失了营业利益这一"冷却水"浇注的东芝，在西屋这个过热的"炉心"的影响下，公司整体开始融化。

然而东芝自身并不承认西屋"炉心熔融"这一事实。在东日本大地震发生后不久的记者招待会上，西田做出以下发言。

"如果国家做出指示，无论是集约型城市还是环保型城市，我们公司一定会作为先导投入到世界最先进的城市建设事业中去。"

企业参与到地震海啸损毁的城市重建中去，这一行为与其说是"还原"城市原貌，不如说是建设能够抵抗任何灾难的超级城市；与其说是"复兴"，不如说是一项新的"创造"。这是东芝向世间宣扬的企业决心。

事实上，在面临西屋这一棘手的"炉心熔融"的事态时，西田祭出的底牌却是要在决算上造假。

序章中曾提到，2013 年，东芝生产的用来处理核泄漏污水的"多核种除去设备"（ALPS）因故障频出并没有派上用场。最后不得不换上日立的"高性能 ALPS"。建设环保型城市的宏图暂且不提，对核电站泄漏的污水的处理尚且不力，这未免与此前东芝宣称的公司实力相去甚远。

经济产业省的税金补助

其实，东芝"风险的种子"并非只有原子能发电业务。在时任社长西田高举的"选择和集中"大旗下，东芝于2008年打出了"3年内向半导体业务投入1兆日元"的经营战略。通过第三方委员会的调查结果我们得知，东芝在半导体业务上也有财务造假的行为。

实际上，对半导体业务的库存评估是很难进行的。即使是再优秀的财务审计人员，也很难对各类芯片的价格做出准确的评估。也就是说，作为生产企业，在一定范围内对其库存评估额做任意修改是难以被察觉的。

在半导体和液晶显示屏等电子产品业务上的"财务操作"是相当容易的。被松下收购的三洋电机当年因其主力工厂遭受中越地震①而使得其财务造假事件败露，这成为它经营破产的主要原因之一。在财务操作上时常越轨的东芝更难保证没有在这一业务上动过手脚。

另一个风险的种子是"表面上的集中"。西田和佐佐木在明面上提出"向原子能发电和半导体业务集中"的口号的同时，又不断

---

① 2004年10月23日在日本新潟县发生的里氏6.8级地震。——译者注

向电视机、个人计算机等赤字频出的业务投入巨额资金。而这些"赤字业务"自然而然地成为财务造假的温床。如果强行终止这些业务，公司就会面临工厂和库存价值大幅缩水，从而引发巨额的资产减损处理。因此，在西田和佐佐木时代，东芝一直避免做出此类决断。

在背地里一直支持东芝苦撑的是日本经济产业省。

2011年，东芝收购瑞士智能仪表公司兰吉尔（Landis + Gyr）时，经产省就通过官方基金产业革命机构向东芝提供了相当于收购价格40%约550亿日元的资助。

随后在2012年，东芝联合日立制作所、索尼，将三家中小型液晶显示屏业务整合，组建日本显示器公司（Japan Display Inc.），该机构也向其投入2000亿日元。这意味着，东芝的液晶显示业务再次接受了国家的援助。

持有2兆日元资金的产业革新机构的另一个称号是"经产省隐藏的钱袋子"。其名义上的宗旨是对创业和技术革新提供支援，实则是为经产省的产业政策筹集和提供实质上的"弹药"（资金）。那么，产业革新机构为什么要对东芝频频施以援手呢？这是因为如果生产原子能发电设备的东芝在经营上陷入困境，积极推进原子能发电业务的经产省和东电便很难开展工作。

在原子能发电业务上，经产省负责政策的推进，东电负责业务的运营，东芝负责设备的生产，三家有着紧密的联系和明确的分工。东电和东芝因具体负责原子能发电政策的实施，而挂有"国策企业"的金面。

二战后，根据联合国的相关决议，日本原子能相关研究被禁止。而在冷战时期的 1953 年，美国修改原有的核战略，以"和平使用原子能"为口号敦促其同盟国日本继续投入到原子能的开发和应用中。

接受这一"指令"的日本于 1956 年成立日本原子力产业会议（现日本原子力产业协会），并向美国和英国派遣民间技术考察团。时任川岛重工业社长的土光敏夫就是考察团中的一员。土光是当时国家原子能政策的忠实拥趸，他一贯坚持"像日本这样资源贫瘠的国家要想在工业上有所腾飞，就必须大力发展原子能发电事业"的论调。

在国家政策的驱动下，东芝、日立、石川岛（现 IHI）与通用电气、三菱电机与西屋公司建立合作伙伴关系。东芝于 1966 年与通用正式签订技术引进的协议。

当时，作为日本电器产业脊梁的"原发利权构造"（原子能发电权力与利益结构）在行业内名声大噪。序章中曾提到，国家通过以东电为首的 10 家电力公司，用电费的形式向国民收取"税金"，然后将财富投入到原子能发电事业的建设中。具体层面上来说，就是将收取的电费通过东电之手分配至以东芝、日立、三菱重工为首的"电力家族"。

"电力家族"通过重型电器业务获取极其稳定的收益，再把资金投入到称为"食金虫"的半导体、泛用型计算机等业务中去。

指引这些企业投身到大型泛用型计算机业务的便是经产省的前身——通产省（通商产业省）。该省在 1971 年制定《特定电子工业及特定机械工业振兴临时措施法》，对归属"电力家族"的六家企业进行集中支援。当时，富士通和日立为 IBM 生产交换机；东芝和 NEC 则与通用电气合作；三菱电机和冲电气工业则被要求独自开发泛用型计算机。从 1972 年起的 4 年时间里，通产省对以上 6 家企业提供了约 570 亿日元的补助金。

对于另一项短期内难以回收成本的高科技半导体业务，通产省也以各类国家项目的名义介入其中。其中，该省先后对于大规模集成电路（Large Scale Integration，LSI）、超大规模集成电路（Very Large Scale Integration，VLSI）等项目提供数百亿日元规模的补助金。

"甘之构造"[1]

这样的国家援助体制从两个层面上削弱了日本电器企业的实力。

---

[1] 此概念由日本精神分析学家土居健郎提出，指受到周围人喜爱进而对对方产生依赖的心理机制。用于解释日本人特有的人际关系的构造和社会心理。——译者注

第一，对于这种由国家主导组成的国家项目的开发团队来说，没有
"无论如何都要取胜"的紧迫感。NEC 的技术人员曾回顾道："即使
国家项目提出抽调人手，各个公司因为彼此之间的竞争关系都不会
派出最优秀的人才。大家都抱着'反正我们也没拿出什么像样的技
术，如果能带回去一点什么新东西，就算赚到了'的心态参与到国
家项目中。"

不像私营企业那样"投入资金就必须追求成果"，国家项目的
团队在挑战高难度技术时，总会浅尝辄止。直至今日，电子行业的
国家项目也没有什么重要成果产生。

对于企业自身来说这也是一场进退维谷的困局。如果企业自身
主导与国家项目相抗衡的研发，就会遭受与"与国策相背"的指
摘。最终形成了"没有办法快速盈利的高难技术的研发就交给上面
（指国家）来决断"的"甘之构造"。

这样的体制使得日本电器企业在国际竞争中落败。其竞争对手
是坚持贯彻"只有偏执狂才能生存"的美国英特尔，以及同为官民
复合企业但在技术研发和设备投入上是日本企业 10 倍量级的韩国三
星。这些企业的决心和魄力是"半吊子"的日本企业无法匹敌的。

此外，日本电器企业之间形成了"即使半导体行业落败，公司
也照样运行"的消极心理。从半导体行业的世界竞争中败退下来的
日本企业在"撤退战"中也依靠了国家援助。为实现对 NEC 和日立

存储业务的援助而合并成立的尔必达存储，就是由日本政策投资银行出资建设。无独有偶，由日立、三菱电机、NEC 的半导体集成电路业务合并而成的瑞萨电子（Renesas Electronics）也是由日本产业革新机构出资 1383 亿日元主导。

继半导体业务之后，国家又对在液晶显示屏业务上惨败的日本企业做出"败战援助"。前文提到的由东芝、日立、索尼的中小型液晶显示业务合并而成的日本显示器公司，也是由产业革新机构出资 2000 亿日元主导。

这里提到的国家和企业之间的"甘之构造"，就像父母出钱替放浪的儿子买单一样。公司的经营者抱着"即使失败了公司也不会垮掉"的念头，毫无危机感地接连做出巨额投资的决定。就算在半导体和液晶业务上都失败了，还有 10 家电力公司以及 NTT 的设备投资，公司的财源总不至于枯竭。

作为军需企业的另一张面孔

话题回到东芝上来。东芝和日立同属"电力"和"电电"两大家族，是能代表日本的最重要的两家综合电力企业，被认为是日本的"国策企业"。

也许不被世人所知，东芝设有防卫装备部门，主要进行地对空导弹的研发和制造。前文提到的原子炉作为发电装置被世人熟知的同时，也是核武器重要原料钚的制造装置。拥有这两项技术的东芝可以说是"拥有制造核武器能力的公司"。

"武器输出三原则的缓和对于东芝来说无疑是天大的喜讯。"

曾担任日本防卫装置工业会会长的西田在2012年1月11日召开的祝贺会上这样说道。一直以来，在"武器输出三原则"的限制下，日本的武器出口被禁止。因此，日本很难推进与其他国家合作的武器研发项目。此次的"三原则缓和"使得日本在武器的国际开发上主动得多。日本企业有望参与由防卫省选定、美国洛克希德·马丁（Lockheed Martin）公司主导的下一代主力战斗机F35的研发。

西田在接受媒体采访时强力主张："在邻国不断增强军事实力的背景下，我们应该积极构建可以随时应对防卫省要求的环境。在东日本地震之后，自卫队应该继续不舍昼夜地持续活动。今后，国家有必要加强国防教育。"这与多年来赞助动画片《海螺小姐》的"温柔的东芝"相比，完全是两副面孔。

这种两面性可以说是综合电器企业的共同属性。除此之外，东芝还参与了防卫省的雷达系统的建设。在这一项目上，东芝每年能从防卫省拿到500亿日元的订单。据2013年统计数据显示，参与雷达、空对空导弹、红外线探测器三大项目的三菱电机，每年能从防卫省获得 1000 亿日元的订单。与此对应，NEC 的无线电装置的防卫省订单是 800 亿日元、富士通的通信电子器材的防卫省订单是 400 亿日元。

担任 NEC 全盛时期社长和会长的关本忠弘曾说过："每年年初，第一个需要拜访的工作伙伴就是防卫省。"由此可见日本综合电器企业和"防卫"事业间的联系之紧密。

设立之初就被定义为"国策企业"

我们再次将时间的轮盘拨回。

东芝的历史主要分为两条源流。其一是由被称为"机械的仪右卫门"田中久重创建的日本重型电器起源的芝浦制作所。另一支是被称为"日本爱迪生"的藤冈市助创建的东京电气。两家公司于 1939 年合并，时称东京芝浦电气。1984 年改称东芝。

年过五旬时做出机械表最高杰作"万年时计"的田中，在佐贺藩应召参与西欧发明的蒸汽机的研究，之后制造出阿姆斯特朗炮。晚年时期，又以 70 岁高龄远赴东京参与通信机的研发。

藤冈曾作为国家使节赴美。在费城世博会上第一次见到爱迪生电灯公司生产的白炽灯泡。回国后，藤冈亲笔写信给爱迪生，请求给当时日本的工科大学校寄送 36 枚灯泡。同时，在日本国内积极宣扬建立电力公司的必要性。这便是东京电灯（现东京电力）成立的契机。

也就是说，东芝的创立和壮大与国家的发展有着密不可分的联系。而后来涉足的家用电器、个人计算机等消费品业务，无非是作为公司的"副业"成长起来的。

在电子时代来临之际，东芝的 AV（音响·影像）业务经历了急速的发展。1991 年，东芝曾与伊藤忠商事一起各自向美国媒体巨头时代华纳（Time Warner）入资 5 亿美金。随后，以索尼出资收购美国哥伦比亚影业（Columbia Pictures）、松下电器产业（现 Panasonic）收购美国 MCA（环球影视）为代表，世界进入日本热钱席卷全球影视业务的时代。

然而，索尼、松下和东芝收购后的业务融合并没有成功。它们单单是借着日本热钱之势买下了美国三家公司的经营权，借此搭上行业全球化的顺风车。

此后，索尼总公司对于影视业务管理层人事更迭的纵容，招致电影行业的巨额亏损。在出井伸之担任社长的时代，索尼影视娱乐（Sony Pictures Entertainment）的高层全部被换掉，公司为此付出了巨大的代价。跟风索尼的松下和东芝在影视娱乐业并未抱有很强的执念，在遭受重创后均悻悻地放手该行业。

如前文所述，个人计算机、液晶电视、数码相机、移动电话、智能手机对于综合电器企业来说，都是可有可无的"副业"，只因一时盈利而跟风设立，最终会和媒体业务一样落得惨败。对于东芝来说，在不断割舍副业之后，其公司主干几乎只剩下唯一可称为"能自力更生"的半导体存储业务和不断衰弱的"主业"——隶属于"电力家族"的原子能发电业务。

"Regza"和"Dynabook"都算在"其他"一类

在此，我们有必要参考一下 2016 年 3 月期东芝的总销售额的构成状况。

从产品组别来看，占销售比重最大的电力和社会基础设施部门，占到总销售额的 36%。这一部分是作为"电力家族"成员的收入。紧随其后的是电子设备部门，占到总销售额的 28%。其中，生产只能为手机所用的 NAND 型闪存是这一部门的主力产品。排名第三的是生产通信系统的社区解决方案部门，占总销售的 25%。这一部分跟"电电家族"业务相关联。

也就是说，占到东芝 5 兆 6687 亿日元总销售额一半以上的业务，都与"电力家族"及"电电家族"相关。而被一般消费者所熟知的家用电器（指冰箱、洗衣机、空调）和液晶电视品牌"Regza"、个人计算机品牌"Dynabook"只能算作东芝业务中的"其他"一类。

从员工人数上看，电力和社会基础设施部门拥有 54000 名员工，占比最大。其次是拥有约 50000 名员工的社区解决方案部门。这两大部门的员工人数占东芝总员工数 190000 的一半以上。

2016 年 3 月期的财务决算显示，东芝最终亏损 4600 亿日元。从部门来看，在电力和社会基础设施、社区解决方案、医疗健康、电子设备、生活方式五大部门中，除医疗健康部门之外，其他四大部门均有或多或少的亏损。为了填补原子能发电业务造成的资产减值带来的损失，东芝不得不将唯一盈利的医疗健康部门卖给佳能。

而以著名艺人福山雅治作为广告代言人推出的液晶电视品牌"Regza"，曾令东芝液晶电视业务为世人所熟知。此业务在 2016 年 3 月期的营业额是 745 亿日元，跌落至前一年销售额 1917 亿日元的一半以下，液晶电视业务的存留堪忧，不得不在大型电器店打出清仓甩卖的招牌折价销售。

以"Dynabook"为代表的个人计算机业务的销售前景也由前年度的 6663 亿日元跌落到 4436 亿日元。东芝曾就个人计算机统合业务跟富士通和索尼的 VAIO 进行过磋商，却以失败告终。对此，东芝不得不宣称将独自发展个人计算机业务，然而并未给出具体的有效措施。

打出"综合电器企业"旗号的东芝，旗下却只有 NAND 型闪存一项业务盈利，其他的"副业"都只能惨淡经营。

屋漏偏逢连夜雨，2017 年 2 月 14 日，在美国原子能发电业务又曝出 7125 亿日元损失之后，东芝唯一的盈利业务也面临转手。

至此，东芝已面临"解体"的危机。

东芝的未来

从今以后，东芝将何去何从？

首先，不得不提的是直接导致决算造假的原子能发电业务。从粉饰决算这件事上，我们可以清楚知晓的是"原子能发电业务并没有给东芝带来收益"。

在福岛第一核电站爆炸事故之后，德国率先做出全国范围内放弃原子能发电的决定。德国最大的电器制造商西门子也表示会逐渐撤出原子能发电及相关产业。此后，美国通用电气的首席执行官也表示："从事故风险的角度考量，原子能发电不应该作为一个商业业务存续下去。"随后，通用公司制订出下调该业务在公司总业务中比重的方针。

然而，作为福岛第一核电站事故当事国的日本，还在政府打出的"推进原子能发电事业"的大旗下，积极筹划原有核电站的再生产。如果继续推进原子能事业，就要有公司承接发电站建设和设备维护的任务。所以，从政府的立场来看，东芝是绝不能倒下的。

可是，反观东芝现状。其作为"副业"的大部分业务陷入亏损状态，加之决算造假事件令市场对其失去了基本信任，作为上市企业，东芝的地位很难维持下去。地方银行已率先在是否继续对东芝提供贷款方面表现出了消极的态度，维持原子能发电业务所必需的资金筹集和人才招募方面都出现了很大的破绽。

核电站的建设在没有资金的情况下是很难推进的。一般来说，一座核电站的基本建设费用是5000亿日元。在海外的建设一般采用"供应商融资"（Vendor Finance）的形式（这里指核电站和原子能发电设备制造商）。也就是说，制造商以贷款的形式为买家电力公司和政府提供建设资金，并在此后几十年间向电力公司和政府收取原子能发电产生的收益来回收资本。

东芝在2016年3月期决算中对西屋做出了2600亿日元的资产减损处理。此后，在2017年3月期决算中，又追加了7125亿日元的减损处理。而另一方面，半导体存储器业务的抛售预计在2017年5月以后才能执行。这就意味着东芝的债务超过状态一直在持续。

通常情况下，银行会将处于债务超过状态的企业划到"有经营困难可能性的公司"一栏，从而停止对其继续放贷。对于有可能被停止上市资格的东芝来说，很难筹集到下一步发展原子能发电业务的投资资金。如果没有新订单，公司就会因为持续的亏损而倒闭。即使有新订单，公司也会因为沉重的资金负担而面临"黑字破产"。①

　　其实，不光是东芝一家，日本整个原子能发电行业都处于这样的窘境中。东芝在日本国内有两个竞争对手：三菱重工和日立制作所。三菱重工在法国的合作伙伴，原子能发电机组制造商巨头阿海珐因新型原子能发电机组业务而背负了巨额赤字，在法国政府的强力支持下才勉强渡过难关。

　　法国政府曾向三菱重工发出"救援信号"，希望其力挺阿海珐。然而，三菱在航天器材业务上不断触礁，加上子公司三菱汽车在油耗数据上造假等丑闻层出不穷，也已自顾不暇，最终决定向阿海珐提供 300 亿日元。除此之外，实在无余力相助。而日立的合作伙伴通用电气，我们在前文提到，在原子能发电业务上早已明确地表达了退意。

　　这使得高举"推进原子能发电"大旗的经济产业省的处境十分不利。一方面，原子能发电业的另一个巨大推手东京电力陷入长达

---

① 公司账面上有利润，可是账面上没有现金。公司既不能清偿到期债务，又不能启动下流生产，而陷入关闭状态。——译者注

半世纪的福岛第一核电站的"废炉"（拆除）工程，同时还背负着事故受害者的巨额赔偿负担，毫无回身之力。另一方面，制造商（指东芝等）也不像从前那样"唯命是从"，其推进的原子能发电事业进退维谷。

为打破这一尴尬局面，政府不得不从日本政策投资银行和产业革新机构这两个"隐藏的钱袋子"里匀出资金，投入到对东芝的救援中去。

其主要构想包括：由日本政策投资银行和产业革新机构向东芝的半导体存储业务注入资金；或者整合日立、东芝、三菱重工的原子能发电设备业务，再由产业革新机构出资建立"日之丸原子能发电构想"。把从前该机构促使日立、东芝、索尼整合中小型液晶显示业务组建日本显示器公司的成功经验应用到原子能发电行业。

另一个方案是，如果东电顺利实现国有化，那么作为设备建设和维护的东芝也可以实现国有化。从而由国家开路进一步推进原子能发电事业。

正如通用电气的伊美特所说，由民间企业来主导"没有未来的行业"是不可能的。然而，以政府之力对濒临破产的企业施以救援的"社会主义国家的政策"，在日本尚没有成功案例。另外，如果东芝放手原子能发电业务，公司以后将靠什么生存，这也是一个需要考虑的问题。日立和三菱重工如果抛掉原子能发电这个烫手山芋，还可以靠社会基础设施、铁道、航空航天业务存活。而东芝放弃半导体存储和原子能发电业务，就等同于企业彻底消亡。

为填补资产减损造成的无底洞，东芝已决心割舍半导体业务。此前，医疗健康业务转手给佳能，家用电器业务也卖给了美的集团。此后，原子能发电事业实现国有化……

到那个时候，综合电器企业东芝就彻底消亡了。

在福岛第一核电站高浓度放射物质的处理以及国内 54 台原子能发电机组的废除这一跨越半世纪的工程上，东芝还需要承担"废炉公司"的角色。本来按照法律程序，应解散现在的东芝，组建作为专门"废炉公司"的新东芝。可是，组建新公司需要新一轮的融资，显然金融机关都不想蹚这浑水。在没人愿意负责的情境下，只有在不透明的情况下注入由政府主导的不明资金，才能为东芝续命。

即使"东芝"这样名号消失，国家还将继续被原子能发电事业腐蚀。福岛第一核电站的事故即是东电、东芝、经产省这一产学共同体挑战不可抗技术所招致的悲剧。

二战后，日本经济高度增长期间，因引发水俣病而使得"窒素"（氮）成为公害的代名词。而此后，"东芝"一词或许将成为原子能席卷人类文明后留下的墓碑，被永远戳在历史的伤疤上。

2 NEC

"电电家族的长兄" 濒临坠落

通信自由化以来30年无所作为的后果

NEC 于 2017 年 1 月 30 日发表了 2017 年 3 月期的决算预想。其中，公司总营业额为 2 兆 6800 亿日元，比上年同期下降 5.1%；营业利润为 300 亿日元，比上年同比下降 67.2%。

NEC 作为唯一一家发表决算预想的日本 IT 巨头，竟没有媒体对此事进行报道，可见日本电器行业内对于 NEC 的凋零已司空见惯。从达到 5 兆 4000 亿日元营业额顶点的 2000 年开始，NEC 的销售业绩连续 17 年呈下滑态势。与三洋电机、夏普、东芝这样在经营上有"硬伤"的企业不同，经营业绩 17 年来持续下滑跌落至巅峰值半数以下的 NEC，代表的是一种"慢慢死去"的模式。换言之，这种在经营业绩跌落一半以上仍没有发现明显破绽的情况，在日本电器行业中实属罕见。接下来，我们将对这一情况进行详细分析。

"给自己打 60 分"？

2015 年 12 月 25 日，NEC 召开"关于新野隆副社长明年 4 月 1

日就任社长"的新闻发布会。

这场"奇怪"的发布会在位于东京都港区的 NEC 总部举行,吸引了多位记者到场。将社长之位让给新野,自己接任法人代表会长的远藤信博在会上笑容满面地发言。

"对于(我们)企业来说,最重要的就是(经营方针的)持续性。应该在合适的时机把自己打下的基础让给适当的继承者。我作为公司的领导,想在此做一个表率。"

坐在远藤旁边的新野点头微笑,做出认真聆听的样子。在场的记者对此颇有异议:"公司经营状况不断恶化,难道还要持续不断地贯彻错误的经营方针?"

在问答环节,有记者向远藤提问道:"您对自己在任六年以来的表现打多少分?"远藤没有迟疑地回答:"我觉得可以打 60 分吧。"听到这个回答,NEC 股票的长期持有者估计会怒上心头吧。在远藤执掌 NEC 的六年间,公司股价持续不断下滑。

在 IT 泡沫崩坏前的 2000 年,NEC 的股票总市值曾达到 3 兆4000 亿日元,超越 3 兆 3000 亿日元的日立制作所,在日本上市企业中排名第 15 位。

2016 年 8 月,日立的股票总市值跌落至 2 兆 2000 亿日元,而这在整体低迷的日本电器行业中,还算是差强人意。NEC 当时的股票市值已跌落到 6800 亿日元,仅相当于 16 年前的五分之一。在这种情况下，作为企业最高决策者的远藤给自己打出 60 分的及格成绩，实在很难给股民一个交代。

在就任社长之初，远藤曾抱有"重新改造 NEC"的宏大决心。而从实际效果来看，六年间公司营业额持续下跌，企业价值几乎没有任何增长。在这种窘境之下，公司并没有认真追究经营方针的错误，并以"重视持续性"为由，选出远藤的追随者新野作为继任社长。这一点正印证了日本企业"责权不清"的暧昧的经营理念。作为继任者的新野，也强烈宣称"坚定不移地推行'远藤方针'"。不禁要问，这里的"坚持远藤方针"指的是眼看着营业额和企业价值进一步下滑吗？

盈利部门已转让殆尽

2010 年 4 月就任社长的远藤在 2011 年 1 月就做出了与中国联想公司合办个人计算机公司的让步。NEC 公司的个人计算机部门曾因生产出被誉为"国民机"的"PC-9800"型个人计算机，给 NEC 带来了巨大的收益。做出这一决定的原因在于公司经营业绩持续低迷，但即使割舍了这一重要部门，公司 2012 年 3 月期的决算依然难看——全年亏损 1000 亿日元，由此不得不对 2013 年 3 月期的中期经营计划进行修改。

被卖掉的还不仅仅是个人计算机部门。在远藤任期内，公司不光做出了中止研发智能手机的决定，将互联网连接业务子公司BIGLOBE进行转让，还放弃了持股的瑞萨电子（Renesas Electronic）。

这样"洋葱剥皮"似的转让主要业务，导致公司总营业额由2000年巅峰时期的5兆4000亿日元跌落到2016年的2兆8212亿日元，几乎衰减了一半。

NEC公司2016年第一季度的决算结果也惨淡到让分析师叹息的地步。营业额为5187亿日元，比上年同期跌落11.7个百分点。营业损益和最终损益分别为299亿日元和201亿日元的赤字。其四个主要营业部门中，除了企业部门（为企业搭建信息系统）之外，行政和公共服务部门（为行政和事业单位提供信息系统）、电信部门和系统平台部门均陷入亏损状态。多年来所仰仗的日本国内通信客户（NTT DoCoMo等电气通信公司）也对NEC的衰落袖手旁观，公司也拿不出像样的业务转让。曾经作为日本IT业领军企业的NEC已然穷途末路。

"在这种局面下，坚持贯彻前任经营方针的新野也很难办吧？"从事电器行业证券分析的专家不解地说。

2016年4月，新野就任NEC社长之初，公司内部就发出了质疑的声音。新野比前任远藤小一岁，在公司内部一直负责金融系统业务，是保守的经营者代表。在远藤任期内，新野一直负责公司中期经营计划的制定和推行，扮演着类似于官房长官①的角色。在远藤看来，新野是最不可能与自己的经营理念背道而驰的人选吧。

在远藤的后任还没有确定的时候，公司内曾一度出现"森田（隆之）期待论"的传闻。55 岁左右的森田曾在事业开发部门工作，海外经验也很丰富，被认为是改变"NEC 内向保守风格"的最佳人选。可是，相对于"革新"，远藤在选择接班人上更重视原有经营理念的"延续"。这就预示了新任的新野即使在公司经营状况面临危机的情况下，也不可能打出"彻底改革"这张牌。

陷入穷途的"电电家族"

从根本上讲，如今的 NEC 完全没有"继续贯彻前任经营方针"的能力。

作为公司主力中的主力的电信业务已经逐渐沉寂，这对于 NEC 来说是极其危险的信号。该业务 2016 年第一季度营业额为 1211 亿日元，同比下跌 15 个百分点，营业损益为 69 亿日元赤字。在国内

---

① 秘书长。——译者注

主流订单①不断减少的同时，也无法接到海外的大宗订单。

电信业务可以说是 NEC 的祖业，是其多年来的业务核心。因为公司当年正是靠为日本电信电话公社（现 NTT）提供通信器材而成长起来的。

此后，公司为丰满羽翼以发展成国际企业，逐渐将业务范围扩展至个人计算机和半导体领域。而在 2000 年之后，新业务的经营状况接连告急，NEC 不得不重新回到"NTT"供应商的身份，以保存公司命脉。然而，在与软银、KDDI 的竞争不断白热化的大背景下，NTT 的设备投资逐渐减少。对于 NEC 来说，紧靠 NTT 这棵大树的经营战略遭遇了瓶颈。

如序章中所述，在电电公社设备投资巅峰时期的 20 世纪 90 年代，每年约有 4 兆日元的设备投资流入日本国内通信设备制造商的囊中。这一规模的资金足够各公司赚得盆满钵满。特别是作为"电电家族长兄"的 NEC，实质上就是"电电公社的制造部门"，在信息传输设备投资额上占有绝对的份额。（另外值得补充的是，该家族的二弟是富士通，三弟是日立。）

日本国内通信行业中，没有能与电电公社抗衡的公司。因此，如果需要增加设备投资的资金，直接通过"电话费涨价"即可实

---

① 指 NTT 等大型电信运营商。——译者注

现。国民对此虽有怨言，但也无其他选择；就跟电力行业收取电费一样，它们并没有竞争对手（从国民的角度来看，没有其他选择）。

通信行业于 1985 年实现市场自由化，这比电力自由化早了 31 年。自 1985 年开始，实现民营化的 NTT（其前身为电电公社）与京瓷创始人稻盛和夫所领导的第二电电成为竞争对手，打响了激烈的价格战。

当电信业战场逐渐转移到移动电话领域后，NTT 又遭遇与孙正义所率领的软银之间进一步白热化的价格战。此后，永旺移动（AEON Mobile）和乐天移动（Rakutten Mobile）等新兴移动虚拟运营商（Mobile Virtual Network Operator，MVNO）也先后加入战团。对于 NTT 来说，已失去电电公社时代的显赫地位，年设备投资额也从巅峰时期的 4 兆日元缩减到 2015 年 3 月期的 1 兆 8175 亿日元。这也是公司民营化的必然结果。NTT 还计划进一步缩减设备投资，预计 2018 年 3 月期的设备投资额为 1 兆 6000 亿日元。投资额的减少主要是因为电话费的下调。

"日之丸①半导体"时代

对于依赖 NTT 生存的 NEC 来说，减少通信设备投资额这一事实

---

① 指代日本国旗。——译者注

就像噩梦一般降临了。然而，事态的恶化并没有到此为止，甚至可以说进一步恶化的可能性很大。

为控制投资成本，软银的部分信号基站已经采用更具优势的中国华为公司生产的通信器材。以 NEC 为代表的"电电家族"作为 NTT 长期以来的供应商，在具备高信赖值的同时，价格也偏高。有证券分析师预言："在此后与软银和 KDDI 的价格竞争中，DoCoMo 有可能考虑放弃 NEC，转而与诺基亚（Nokia）或者爱立信（Ericsson）等外资企业合作。"

事实上，此前 DoCoMo 在移动通信终端上已经"背叛"过 NEC。在没有取得苹果手机（iPhone）销售权的 2008 年至 2013 年间，DoCoMo 的客流大量流向软银和 KDDI。DoCoMo 不得不放弃以 NEC 为代表的"电电家族"研发的国产智能手机，转而引进韩国三星生产的"Galaxy"作为主打机型销售。这一突然的"背叛"使得 NEC 彻底从智能手机领域撤出。如果继移动终端之后，NTT 再放弃与 NEC 在通信器械的合作的话，NEC 将失去主要的收入支柱。

这一经营形势的变化是从电信自由化的 1985 年开始的。从那之后，NEC 的历代经营者在经营方针上做出了多种尝试。其中，1980 年就任社长到 1998 年卸任会长的关本忠弘极力推动公司在半导体、个人计算机、液晶显示屏等领域的扩张，以求将 NEC 建设成日本首屈一指的 IT 业巨头。

　　放在如今，这几乎是难以置信的事情。可在 1985 年至 1991 年七年间，NEC 在半导体行业的销售额一直稳居世界首位。此外，日立制作所、三菱电机、东芝也在半导体领域不断增产。1988 年日本制造的半导体产品占到世界半导体总销量的一半以上。当时，"日之丸半导体"行业的急速扩张一度令美国和欧洲震惊。为进一步控制世界市场，NEC 着手在世界各地建设半导体存储器生产车间。

国家级项目的兴亡

　　从 1960 年代起，日本开始模仿美国建立半导体产业。在摸索中掌握核心技术原理后，生产效率呈几何倍数增长。1980 年代，日本半导体行业全面开花。在生产技术和产能上大幅飞跃，甚至超过了美国。而冲锋在日本半导体行业最前沿的公司就是 NEC。

　　在背后支持 NEC 的就是被美国称为"臭名昭著的推手"的通产省。当时在 NEC 半导体研究据点的玉川事业所，密密麻麻地摆放着贴有"超""M""委"标签的实验装置和制造机器。其中，"超"指的是超大规模集成电路项目，"M"和"委"指的是通商产业省（现经济产业省）的委托研究。

　　贴标签的目的是为了将这些机器与 NEC 本公司的设备进行区

别。意思是说,用税金买来的设备不可以用于 NEC 的其他业务。然而,这一做法无非是"此地无银三百两"。原本动态随机存取存储器(DRAM)的研发费用就是由电电公社提供的,而 NEC 之所以坐上"半导体世界第一"的位子,实际上也是由国家和电电公社一手扶持的。

当时,正是研发人员探索半导体先进技术的决心以及官僚们(指国家公务员)"赶超美国"的野心,使得日本半导体行业迎来爆发式的发展。这一事例可以作为国家间产业竞争中"官民联合"的范本。当然,当时正处于经济全球化的前夜,以国家之力对于产业给予支持并不只是日本一家所为。美国和韩国政府也对本国的半导体企业提供了莫大的支持。

然而,政府对产业的支持并非没有副作用。日本的半导体制造商在产品的成本控制和盈利管理上不思进取,甚至产生了"上面拨下来的预算,可以随便拿去用"的危险思维。

随后,1985 年,美国发起了对日本半导体行业的反击。美国半导体工业协会(Semiconductor Industry Association, SIA)向美国贸易代表办公室(Office of the United States Trade Representative, USTR)以日方违反美国贸易法第 301 条为由,对日本半导体行业提起诉讼。

经过一年的严正交涉,双方于 1986 年签署《日美半导体协定》,对日本半导体产品的倾销行为和美国半导体产品的进口规模进行了限制。这一协定极大地束缚了日本半导体行业的手脚。在此基础之上，双方又进行了进一步协商。美国要求协定到期之后再延长五年的同时，希望在 1992 年底之前，外国半导体产品在日本市场占有的份额超过 20%。这对于日本来说，无疑是一项不平等条约。然而，在安全保障完全依赖美国的前提下，日本只能完全接受美国抛来的无理难题。

努力提高产能降低产品价格的日本企业却被冠上"倾销"的恶名。这使得很多企业失去了战斗的方向，就像在拳击台上被要求"不许进攻"的拳击手一样。为了不荒废自身掌握的技术，很多优秀的日本工程师跳槽去了韩国和中国台湾的企业。

1996 年日美半导体协定终止。韩国三星和中国台湾积体电路制造（Taiwan Semiconductor Manufacturing Company，TSMC）向日本半导体行业发起猛烈的价格攻击。可叹的是，在日美半导体协定中"伤筋动骨"的日本企业早已失去了反击的余力。

"不是技术上的失败"的说辞

日本的经营策略学者野中郁次郎曾写过一部探讨日本在二战中失败的根本原因的名著《失败的本质》。书中提到，导致日军根本性失败的原因是在"制订作战计划时,没有为第一方案失败后设计退路"。"军神"怎么会失败——提前预设了失败的可能性就等于提前"挫了自身的锐气",在日本军中很受忌讳。无独有偶,类似的逻辑在原子能发电行业中也通用。因为"原子能发电是绝不允许出事故工程",所以如果事先准备了事故的解决方案,就等于间接承认"自身技术不成熟的事实",在业内很受忌讳。

同样,半导体企业在国际市场争夺战中也抱有日军式的思想。对于他们来说,被美国企业反击,又受到韩国和中国台湾等新兴势力的挑战本身就是"绝不可以发生"的事情。所以,即使面对技术上被全面超越的事实,日本企业仍强撑起"高性能半导体世界第一""超高性能半导体世界第一"的旗号,拒绝承认自身的劣势。可是,对于企业来说,技术开发是为销售服务的,如果产品的销售不景气,一味强调技术优势无非是为失败寻找说辞。

"不是技术上的失败"这一论调不单单在半导体行业盛行,而被整个日本制造业广泛使用。制造业与学者撰写论文不同,如果不能将技术整合起来转化成大规模工业生产,就无法称之为真正的技术革新。

节节败退的 NEC 终于不堪半导体开发和设备投资带来的重负,于 1999 年将其 DRAM 业务与日立制作所的存储器合并,组建了新公司尔必达存储器。2002 年,NEC 再将大规模集成电路业务分离出去，与日立和三菱电机的同种业务合并，成立了后来的瑞萨电子。

我在序章中提到过，NEC 前任社长关本忠弘对做出此决定的西垣社长进行了猛烈的公开批判。然而，信息系统构建业务出身的西垣也有自己的考虑：绝不能让投入大量资金却不见盈利的半导体行业拖垮整个公司。

决策尽数遇阻

当年关本打出的"脱离 NTT"的底牌中，与半导体并行的还有个人计算机业务。NEC 自主研发生产的计算机品牌于 1982 年 10 月问世，其代表机型 PC-9800 系列（PC-98），爱称"98"，曾创造日本国内的销售神话，1991 年占到国内个人计算机销售份额的 50% 以上。对于排名第二、第三位者，即市场份额只占到 10% 左右的富士通和东芝，可以说是彻底的碾压。

可是好景不长，PC-98 的霸主地位仅维持了 10 年。1992 年，作为个人计算机鼻祖的美国企业强势杀入日本市场。率先杀到的是美国康柏电脑（Compaq Computer，现惠普：Hewlett-Packard，HP）。由于其产品可与 IBM 电脑兼容软件，而在美国市场大卖。当时，康柏以相当于"NEC 半价"的价格席卷了日本个人计算机市场。

美国企业采用的微软操作系统和英特尔中央处理器,被视为业界标准。这使得采用独自标准的 PC-98 在一开始就无力招架美国公司的猛烈攻势。

为打开世界市场,关本时代的 NEC 不断向海外个人计算机企业注资。其中,于 1995 年 8 月收购美国个人计算机巨头 Parkard Bell(PB)20% 的股份。当时,主推廉价版个人计算机的 PB 在数量上占据美国市场首位。然而,既没有与 IBM 和康柏比肩的技术,又不具备戴尔(Dell)那样的销售实力,PB 最终在美国个人计算机市场竞争中败下阵来,市场份额大幅下跌。

此外,NEC 还于 1991 年收购法国计算机巨头布尔 4.7% 的股权。此后,又在 1993 年追加 70 亿日元,以支持这一被称为"法国之星"的国营计算机巨头。1995 年布尔民营化之际,NEC 再次对其增加 110 亿日元的投资。同时,又向法国另一家国营家电公司汤姆森多媒体(Thomson Multimedia)注入资金。然而,对于长期以来作为 NTT 器材提供商的 NEC 来说,参与欧美企业经营事务的负担实在是太重了。NEC 最终没有从 PB 和汤姆森中获得利润,不得不悻悻撤出。

2011 年,摆脱关本的"业务扩展战略"影响之后的 NEC 决定将个人计算机业务分出,与中国联想合作经营。2016 年,NEC 将所持合资公司的股份以 200 亿日元的价格卖给联想,彻底从个人计算机业务中抽身。

曾经占到日本国内市场份额第一的移动电话业务也于 2009 年分离出来，成立分公司。并与卡西欧计算机、日立制作所的相关业务合并组建 NEC 卡西欧移动通信公司（NEC Casio Mobile Communications）。2013 年，该联合公司从智能手机业务中撤出，NEC 收购卡西欧和日立所持股份，将其变为全资子公司。随后，2016 年 3 月，NEC 移动通信公司（NEC Mobile Communications）宣布解散。

NEC 充满不安的未来之路

与东芝类似，NEC 最终也走上了一条强行割舍"副业"的道路。最终只剩下为政府和企业搭建信息系统以及电信两大业务。

然而，NEC 在日本国内系统构建行业的定位，仅仅算是"准巨头"企业。从数据来看，NEC 该业务 2016 年第一季度的总销售额为 1840 亿日元，仅相当于竞争对手富士通相同业务总销售额的三分之一不到。2016 年 3 月期决算显示，NEC 年海外销售额为 6032 亿日元，仅占到销售总额的 21%。这是因为 NEC 所生产和提供的世界通用的产品和服务已大幅减少。

虽说在半导体和个人计算机业务中的惨败是由日美半导体协定

等政治上不可控因素造成，并非企业一己之力可以扭转，然而准确判断形势并克服诸多外因，从而将企业引向持续成长的轨道正是经营者的职责。放眼海外，即使在激烈变化的 IT 界，也不乏通过适时改变经营策略而转危为安的企业。

我曾在序章中提到芬兰企业诺基亚的例子。2014 年，诺基亚将曾经世界市场份额第一的移动终端业务卖给美国微软，曾因为没有赶上向智能手机业务转型大潮而一度陷入经营困局，被业内划为"完全的败组"。

2016 年，诺基亚再度引起业界注意。其出资约 2 兆日元收购作为通信基础设施巨头的法美合资公司阿尔卡特朗讯（Alcatel-Lucent），成为该领域的世界第一。如今，通信基础设施的世界市场形成了诺基亚、爱立信和中国华为三足鼎立之势。以 NEC 为代表的日本企业已失去了在世界市场的立足之地。

现今的通信三强同时瞄准了日本市场。诺基亚的内部人士分析："由于 NEC 只生产 NTT 制式的设备，在海外的售后服务也跟不上。将来考虑拓展海外市场的日本企业会逐渐采用三强的产品。"

20 世纪 90 年代苏联解体，从电线到电视尽数生产的诺基亚失去最大的海外市场，曾一度面临破产。当时，诺基亚决策层决定将所有经营资源集中到移动电话这一项业务之上。正是这一大胆的经营策略令诺基亚获得重生。

荷兰的电器巨头飞利浦也在 1990 年面临经营危机，2000 年代初期从半导体和电视机行业中撤出。眼看曾经跟索尼联手推出等离子设备（Compact Device）的飞利浦落得此番田地，日本电器企业经营者不禁唏嘘。

然而，飞利浦并没有因此消亡。公司将转让数码业务获得的资金用于收购医疗器械制造企业，奠定了"医疗界的飞利浦"的业界地位，企业收益甚至比制造综合电器企业时代还要高。以消费品电动牙刷为例，一旦卖出牙刷本体，消费者就会持续购买可替换的牙刷头。飞利浦正是通过这种看似"笨拙"的营销模式，坚实地积累了财富。

日本通信自由化实施至今，已过了 30 余年。其间，自关本以来，NEC 没有任何一代经营者培养出可代替通信器材的核心业务。最后不得不在"电电家族"的经营体系下逐渐式微。

二人的墓碑

现任 NEC 社长新野刚刚上任就发表声明，表示今后三年间将投入 2000 亿日元的资金用于公司的合并和收购。然而，在现如今的 IT 行业内，1 兆日元规模的收购已不是什么大新闻，三年间拿出 2000

亿日元未免略显寒酸。NTT 的收购行为至多也就是 20 亿日元收购巴西信息安全企业这样规模的手笔，却无论如何无法挥洒出诺基亚和飞利浦那样扭转命运的大格局。

如果是一般企业，身处如此困境仍坚持不顾风险的经营策略，必然会招致破产。然而对于有 NTT 背书的 NEC 来说，却不会那么容易溃败。此外，NEC 还有另一味续命良药。

1981 年，NEC 从美国休斯公司（Hughes）那继承了自卫队自动防空警戒管制组织（BADGE）的订单。此后，又继续承接了自动防空警戒管制系统的生产。作为承担日本国防"千里眼"和"顺风耳"的企业，国家无论如何也不会让其破产或任其转让给外国企业。

本来国家可以指示同样涉及军工领域的日立和东芝对 NEC 实施救援。然而，东芝陷入财务造假的风波，自顾不暇。日立也刚刚进行了重大的内部重组，实力尚未尽数恢复。那么，以现如今的情况推测，最有可能对 NEC 实施救援的企业当属 NTT 数据（NTT Data）。

1990 年，NEC 总部大楼在东京都港区落成。那是一座地上 43 层、地下 4 层的巨塔形建筑，总建筑面积 14 万 5000 平方米，建筑成本 600 亿日元。此外，建筑内电子邮件和电子发票系统、公司内闭路电视和智能化设备也花费了 100 多亿日元。这座现代化巨塔的外形和内部设施让人联想到火箭，所以命名为"超级巨塔"。在

NEC 半导体和个人计算机业务的鼎盛期，来自日本国内外的访客络绎不绝。位于 42 层的高管楼层俨然是关本与世界连接的华丽的外交舞台。而现如今，这座巨塔却落得门可罗雀的惨淡境地。

关本在接受周刊杂志采访时，对西垣的经营方针和手腕进行了公然的批判。作为回击，被激怒的西垣于 2002 年解除了关本顾问的职位。关本并没有因此停止对 NEC 管理层的批判，直至他 2007 年因脑梗死离世。据相关人士透露，关本的离世可以用"激愤而终"来形容。而作为备受争议的 NEC 掌舵人的西垣也于 2011 年在家中自缢身亡。

曾经像火箭一样矗立在东京都港区的 NEC 总部大楼，如今看来，竟像是提前为关本和西垣二人树立的墓碑。

3 夏普

成为鸿海子公司以后的发展

——与经济产业省之间不为人知的"暗斗"

2017 年 2 月，夏普发布了 2017 年期决算的预测。该预测表明，时隔 3 年，夏普有望摆脱经常性损益①的赤字。在出资 3888 亿日元将夏普收入旗下后，中国台湾鸿海精密工业董事长郭台铭派出其绝对亲信戴正吴（二号人物）执掌夏普，着手企业内的经营改革。

戴首先着手处理夏普与前客户之间签署的"不平等"合约。以总销售额 15 兆日元的鸿海为靠山，戴成功地使供应商下调了元件价格，逐渐将夏普不正常的供应链引向正轨。这一举措显示出鸿海以及戴本人强大的业界影响力和交涉能力。同时，戴决定在 2017 年内关闭生产电子元件的三原工厂（广岛县三原市），将日本国内的元件生产集中在同属广岛县的福山工厂。

从 2015 年末到 2016 年间的"夏普争夺战"中，夏普的主导权曾一度有落入日本官方资本——产业革新机构的倾向。然而，作为夏普主力融资银行的瑞穗银行在这场收购中起到了举足轻重的作用，

① 指营业收益减去营业费用的差额。——译者注

最后决定将夏普并入鸿海旗下。

　　为夏普的将来考虑，依托在世界范围内有着巨大生产和销售网络、年总销售额达到 15 兆日元规模的鸿海无疑是明智的选择。通过鸿海强有力的资金支援和低成本大规模的生产能力，夏普极有可能摆脱困局。反观产业革新机构的方案，不免给人纸上谈兵之感。该机构提出，将夏普的液晶显示屏业务分出，与此前该机构出资的日本显示器公司（JDI）合并。而前文提到，日本显示器本身就是由日立、东芝和索尼的中小型液晶显示器业务合并而成的公司，内部山头众多，夏普的加入无疑会加剧"船头过多不好统筹"的态势。

　　对于夏普来说，加入鸿海旗下无疑是上上之策。而对于日本电器产业来说，这无疑是"败战"的象征。日本电器巨头被外资企业全股权收购，在历史上实属首次，这给整个行业笼上一层"焦虑之感"。那么，夏普究竟是在哪里走错的呢？

生产"21 世纪的电视机"

　　21 世纪初期，IT 泡沫的崩溃使得大部分电器巨头深陷泥潭，而保有液晶技术的夏普却席卷世界电视机市场，是行业内典型的"胜者组"代表。在争夺世界市场主导权的斗争中，夏普与竞争对手争先在日本国内投资建设多处超大规模的液晶显示屏生产车间。这一系列积极举措曾一度让人相信"日本工业的复活"。

20世纪90年代，在半导体领域败给韩国、中国台湾和美国的日本电器企业发誓要在液晶显示屏领域一雪前耻。"绝不能重蹈半导体行业的覆辙！"日本电器企业在巨额投资、大规模生产的控制以及技术保护方面尤为谨慎。

即便如此，以夏普为代表的日本显示屏的世界主导地位也没有坚持过十年。如同半导体行业"世界第一"的NEC在主业上遭受最大打击一样，作为"液晶显示屏世界第一"的夏普同样遭受了灭顶之灾。为什么曾以液晶电视横扫世界市场的夏普在短短十年内迅速凋零呢？在此，我们梳理下2000年以来夏普的发展轨迹。

夏普的内部人士曾回顾2002年龟山第一工厂（三重县龟山市）建设时的场景。

"当时，在对面的山上，一群穿着西装的男人一直监视着工地的一举一动。为了不泄露生产设备的型号，我们用蓝色塑料布把运输设备的卡车停靠的地方围得严严实实。"

龟山工厂是夏普投资1000亿日元建设的从元件到液晶电视成品全套流水线生产的垂直型复合工厂，在当时是世界首家。为了防止生产技术流入韩国和中国台湾企业，夏普在整个建设过程中都保持高度的警惕。

　　穿西装的男人们，据说是韩国竞争对手公司的员工。在此，我们虽然无法验证其身份的真伪，然而现场工作人员近乎"神经质"的举措从某种角度反映了夏普对技术保护工作的重视。

　　从工程承建商的工作人员口中，我们证实，当时夏普对于外部人员的进出也有着严格控制。"进入厂房时会被要求带上号牌。不同的号牌的权限也是不同的。""当时有人会被工作人员严厉喝止'你只能进入到这里，不准再前进'。"

　　2001年，由三重工厂生产的液晶电视"AQUOS"刚一上市就受到市场追捧，销售业绩爆发式增长。此前的液晶电视一直停留在迷你尺寸，而此次夏普首次推出的20英寸以上尺寸的液晶电视，大有取代晶体管电视的势头。

　　1998年就任夏普社长的町田胜彦曾做出大胆预言："液晶电视将在2005年之前全面取代日本电视机市场。"这一言论震惊了整个行业。当时正是大画幅晶体管电视的鼎盛时期，松下的"画王"和索尼的"WEGA"销售状况良好。当时的液晶电视技术并不成熟，像素很低，画面也有延迟。竞争对手索尼的负责人对此回应道："液晶电视与晶体管电视抗衡还为时尚早。"

　　从技术层面分析的话，索尼的判断是正确的。无论从画面的精细度还是动画的连贯性来说，液晶电视尚不足以匹敌晶体管电视。然而消费者最终抛弃了画质，选择了外形上更吸引人的液晶电视。

晶体管（显像管）电视时代，为了增大画幅，必须要将显像管后面的电子枪位置下调。画幅越大的电视机，其背后所占的体积就越大。40 英寸的电视机就要侵占日本狭小的茶水间一半的面积。

与之相对，液晶电视不适用电子枪成像。也就是说，无论画幅增大多少，其纵深都不会扩大。采用此种先进设计的"AQUOS"成功地给消费者展现了"21 世纪电视机"的概念。进而在日本国内掀起了由"体态臃肿"的晶体管电视向"轻薄时尚"的液晶电视转换的高潮。

"世界的龟山"模式

从第一代"AQUOS"中摸索出经验的夏普，迅速发起进一步猛攻，计划在 2004 年建成龟山第一工厂。这一轮的投资得到当地政府的积极支持。其中三重县出资 90 亿日元、龟山市出资 45 亿日元作为立项的资金补助。工厂建成后，2005 年，时任内阁总理大臣的小泉纯一郎还亲自到当地视察。

在这一形势的鼓动下，夏普于同年宣布建设龟山第二工厂。预计投资额 1500 亿日元，于 2006 年投入生产。此后，第一工厂和第二工厂几度增加产能。截至 2008 年，夏普向龟山工厂共投入 5000 亿日元的设备资金。此外，龟山工厂周边聚集了大量的原材料供应商，形成了规模可观的"液晶产业集群"。夏普将在此生产的电视机命名为"龟山品牌"，电视广告中也使用"世界的龟山"这一口号进行品牌宣传。

2007 年，町田转任会长，将社长的位子交给主导"AQUOS"研发、年仅 49 岁的片山干雄。片山刚上任，就决定在位于大阪府的堺市建设继龟山第一、第二工厂之后的第三液晶工厂。此项投资总额为 3800 亿日元。与此同时，在周边建设名为"绿色前沿的堺市"的工业带。包括玻璃工厂和其他周边生产商在内，工业带的总投资规模达到 1 兆日元。如此规模巨大的投资在日本电器产业史上实属罕见。

夏普数次进行大规模投资是有其历史原因的。此前，NEC、日立、东芝等日本企业因为在半导体存储器 DRAM 上投资规模过小，输给了官民一体投入巨额资金的韩国和中国台湾企业。二战中，日本军方也犯了"逐次小规模投入战力"的错误，而此种决策失误在"半导体产业"的商场上再次上演。

正是为了避免重蹈半导体行业的覆辙，夏普才抱着"一不做二不休"的决心，在龟山第一工厂投产之后迅速投入到新工厂的建设和产能扩大中。七年间，夏普向液晶显示屏业务投入了 8800 亿日元规模的设备资金。

"如果畏畏缩缩的话，又要被韩国、中国台湾和大陆的企业赶超了。"

夏普和其竞争对手松下正是坚信这一理念，才不断在日本国内进行设备投资的竞赛。夏普和松下此举被日本主流媒体积极报道，将其解读为"日本厂商的回归"与"日本制造业的复活"。松下的"铁腕"领导者中村邦夫因为接连做出巨额投资的决断，而一度被认为是经团联会长的有力候选人。

松下将底牌押给了等离子电视，认为这才是轻薄型电视的未来。通过反射原理成像的液晶电视在明亮的房间里画面会显得苍白，暗部细节缺乏质感。而与之相对，等离子电视通过在玻璃屏之间注入惰性气体使其发光成像，属于自身发光，所以即使在明亮的房间内也能保持画面清晰。除此之外，制作大画面的等离子画面也比液晶显示屏的工序简单。所以松下的预测是：40 英寸以上的轻薄型电视是等离子的天下。

松下的茨木工厂（大阪府）于 2001 年正式投产。随后茨木第二工厂、兵库县尼崎第三工厂、尼崎第四工厂先后于 2004 年、2005 年、2007 年投入使用。2009 年，月产规模达 100 万台的第五工厂也建成投产。至此，松下在尼崎市的总投资额达到了 4250 亿日元。

与二战时建造"巨大战舰"同样的错误

雷曼冲击使得夏普和松下的计划化作泡影。夏普的堺工厂和松下的尼崎第五工厂均于 2009 年投入使用。然而，正是同年，轻薄型电视的销售主战场——日本和欧美发达国家市场均迎来了前所未有的寒冬。

率先受到冲击的是把筹码全部压在等离子电视上的松下。随着液晶电视技术的迅猛发展，等离子电视的技术优势已不再明显。加上消费者逐渐捂紧"钱袋子"，逐渐倾向于选择价格低廉的液晶电视。

最新建成的尼崎第五工厂运行不到两年就于 2011 年率先宣布停产。随后，第一、第二、第三工厂也于 2012 年停产。只剩下第四工厂转型生产销售前景并不乐观的电子黑板以艰难度日。最终，也不得不在 2013 年末宣布停产。

此外，松下在此前还取得了与东芝和日立共同投资建设的姬路工厂的经营权，然而生产率一直走低，于 2013 年 3 月末陷入 4550亿日元的债务超过状态。不堪重负的松下曾有意忍痛断腕，将液晶显示屏业务转手。然而，由于找不到买家，不得不在亏损的情况下苦撑六年。最终于 2016 年 9 月末宣布停产。

在等离子电视业务投入 1 兆日元最终打了水漂，放在任何一家普通的企业大概都会面临破产。然而对于拥有生活电器、住宅设备、汽车电池、电子零部件等多项业务的松下来说，即使割舍电视业务，仍能正常度日。

与之相对，仅以液晶显示屏一项业务为支柱的夏普面临的冲击可谓是致命的。如果从此项业务撤出，就意味着公司本身也丧失了存在的意义。在本应该撤退的时刻不得不坚守，夏普公司上下苦不堪言。

如果公司按照市场需要下调产量，就必须对其所持有的工厂进行减损处理。然而在多次巨额投资之后，夏普的资产负债表已十分难看。借债数额已达到临界，任何一项减损处理都会将公司推向债务超过的局面。在片山掌舵期间，为避免减损处理，公司一直超出市场需求进行生产。这必然导致库存的积压。

夏普在液晶显示屏领域的技术确实超出其他企业。在此优势之下，町田和片山所代表的决策层过分坚持"以扩大生产规模取胜"的路线。于是，夏普在日本国内不断建厂以扩大产能，但并没有拓宽与产能相匹配的销售渠道。与之相对，韩国的三星和 LG 很早就瞄准发展中国家的广阔市场。而夏普直到雷曼冲击以后，切身感受到发达国家市场低迷，才匆匆转向新兴市场。这显然已经落在了潮流之后。

2011 年，夏普龟山第一工厂获得美国苹果公司 1000 亿日元的注资，将原本用来生产液晶电视的生产线改造成智能手机屏幕生产线。事实上，该工厂已经成为苹果的专用生产车间。2012 年，在公司整体经营状况恶化之后，夏普不得不决定将堺工厂分出，成立分公司，命名为堺显示用品（Sakai Display Product，SDP）。此后，鸿海董事长郭台铭以个人名义出资 660 亿日元将堺工厂从资产冻结的危局中解救出来。此后，鸿海与美国新型电视机制造商 VIZIO 合作，扩展销售渠道，使得 SDP 在鸿海接手后短短数年的时间，就实现了扭亏为盈。可见制造能力和销售能力的平衡是多么重要。

如果把巨型工厂比作巨型战舰，夏普的堺工厂和松下的尼崎工厂就如同二战时日本海军建造的大和号和武藏号战舰。

日本海军将当时最强的战力装备在大和和武藏两艘战舰上，两艘战舰的主炮威力无比。然而，在珍珠港偷袭中受到日军战斗机重创的美国海军吸取了战败的教训，认识到主炮的局限性，着力发展和装备舰载飞机。此后，美国开始大量建造航空母舰。

而大和舰和武藏舰还没来得及在预想的舰队与舰队的遭遇战中发挥主炮的威力，就已经沉没海底。

由于资源匮乏，日军希望战争迅速结束，所以寄望于在遭遇战中一炮定乾坤，却无视事态朝着相反方向发展的事实。这正是日军思维的弱点所在：只是一味地希望战局按照自己希望的方向发展，对于跟预测相悖的信息却置若罔闻，并对提出"备用方案"的人员进行批判，认为这是一种"动摇军心"的行为。在装备方面，也秉承这个逻辑，推崇"一点豪华主义"的战略思想，着力发展火炮，而不注重高性能雷达和舰载飞机的协同发展。这样的话，在跟多军种协同作战的敌人面前，取胜的可能性微乎其微。

21 世纪初，在夏普和松下堵上公司命运大力建设世界最大规模的液晶显示屏工厂的同时，电子产品的主战场已逐渐从电视转移到互联网产品。曾经围坐在客厅看电视的时间，都被智能手机中的视频、推特（Twitter）、脸书（Facebook）等应用软件占据。在这种大势已去的时机建成的堺工厂和尼崎工厂还没有全力生产，就迎来了失败。低价格大规模生产的战术在战役还没打响前就已经落后于时代。

取代电视成为"家电之王"的智能手机并非只靠硬件性能取胜。以苹果为例：早在 iPhone 发售之前，苹果就建立了完善的音乐零售共享平台 iTunes Store。从智能手机直接下载音乐的服务改变了年轻人的生活方式。在 iPhone 发售的当下，苹果的应用平台 App Store 也已完善，用户可以直接通过智能手机下载各式各样的应用。

苹果的对手——美国互联网巨头谷歌，也推出了适合智能手机的安卓（Android）操作系统，委托韩国三星和中国的制造商以较低成本生产的智能手机销往全球。如今，世界智能手机已呈"iPhone对安卓"之势。顽固坚守 NTT 制式"iMode"的日本企业很难在世界市场中取得一席之地。

在智能手机革命进行得热火朝天的时候，夏普和松下还在没有前景的高清晰大画面电视领域内斗正酣。堺工厂和尼崎工厂就是这场无谓斗争的代表产物。就像在海战中，敌人已经熟练掌握雷达和战斗机相互配合的立体化新式战法，而己方还仍然对"巨舰火炮"的落后战法情有独钟。

这可以说是日本电器行业在世界竞争中战败的本质所在。

"计算器战争"的教训

夏普和松下从未想到电视会从"家电之王"的位子跌落下来。然而，如果两家公司的高层抽空去网络大国美国的超级市场实地考察一下，就会切身感受到电视的地位有多低下。

2010 年，在美国的大型超级市场中，60 英寸的大型液晶电视跟面包和牛奶陈列在同一个楼层。中国制造的产品只要 10 万日元左右，而同等大小的"AQUOS"却卖到 30 万日元。以美国人的消费观念来看，几乎很少有人愿意为了"区区"电视机多花两倍的价钱。也就是说，被日本厂商奉为"家电之王"的电视机，在消费者眼中，已经降格为日用品。

2001 年，第一代"AQUOS"的画面是 20 英寸。到了 2005 年，65 英寸巨幅画面的电视机已经出现。在画幅竞争告一段落之后，各厂家之间为了销售打起了价格战，平均每年都有 30% 幅度的价格下调。

电子产品一旦进入这一阶段，就很难阻止商品价格的下跌。比起其他电器巨头，夏普对这一道理深有体会。20 世纪 60 年代到 70 年代，夏普曾经跟卡西欧、佳能进行了长达 10 余年的"计算器价格战"。

1964 年，夏普的前身早川电机工业发售了第一台台式晶体管计算器"CS-10A"，当时售价 53 万 5000 日元，相当于一台日产"蓝鸟"轿车的价格，个人用户是很难承受的。而在此后的 15 年间，夏普和卡西欧展开了一场激烈的研发竞争，商品价格也随之急速下跌。

1969 年发售的"QT-8D"型计算器重量仅为 1.4 千克，只有此前"CS-10A"25 千克的 1/20，成功实现了台式计算器的小型化和轻量化，而售价也仅为 9 万 9800 日元，相当于"CS-10A"的 1/5。此后，1973 年推出的"EL-805"首次搭载了液晶显示屏，重量仅为 200 克，售价为 2 万 6800 日元。五年后再推出的新型计算器尺寸缩小到名片盒大小，被称为"卡片计算器"，售价仅为 6000 日元。

自 1964 年开始的 15 年间，夏普和卡西欧不断进行技术革新，在电路板精细化领域的技术突破为此后半导体行业的发展奠定了重要的基础。毋庸置疑，两家企业的技术已走在世界同领域的前沿。然而，这二者并没有达成良性合作，而是不断打出恶性的价格战，最终使得计算器的价格降至 15 年前的百分之一。

曾经跟汽车价格不相上下的计算器，如今却陈列在百元店的货架上。随着电脑和手机的普及，其搭载的计算器功能已逐渐取代实体计算器。对于一般用户来说，早已没有购买计算器的必要。从这一例子推测，不久的将来，液晶电视的价格也可能降至 1 万日元以下，甚至有被取代的危险。

电器企业必须学习的东西

电视机需求量的下降大大影响了家电卖场的销售业绩。为了刺激雷曼冲击之后日本国内用户的购买欲，日本国内曾推出过电器环保点数制度（Eco-point System）①。可是 2011 年环保点数制度结束之

---

① 消费者购买环保分级的家电后，会获得相应的点数，积累的点数可以用于换购其他产品。——译者注

后，日本国内的电视机销售又重新跌入低谷。即使各家电卖场相继推出智能手机、住宅改造、太阳能发电装置等业务，还是无法弥补电视机滞销造成的漏洞。

位于东京有乐町①的家电卖场 Bic Camera 里，一等陈列区域已经被智能手机所占据。作为"曾经的王者"的电视机只能转移到二楼，与音像制品和酒水陈列在一起。可以想见，在不久的将来，日本国内的电视机也将会像美国一样，放在超级市场中销售。

自计算器以来，海外的电器生产商饱受日本同行的碾压，不得不提早放弃电视机业务。

第二章中提到，曾经能与日本电器企业在音像领域抗衡的荷兰企业飞利浦在 2005 年开始放弃"电视机一元战略"，着手发展其他音像设备和半导体业务。此后，飞利浦预测到电视机业务发展的瓶颈，于 2011 年将该部门卖给了中国台湾的冠捷科技（TPV Technology）。

2013 年 5 月，飞利浦正式将公司名从皇家飞利浦电子（Royal Philips Electronic）改为皇家飞利浦（Royal Philips）。把"电子"两字从公司名字中除去，表明飞利浦对于自身的定位已不仅仅局限为电器企业。

---

① 东京车站旁，寸土寸金的商圈。——译者注

确实，飞利浦现在的支柱业务是医疗器械、健康器械以及 LED 照明。特别值得一提的是，其医疗器械业务可与美国通用电气和德国西门子抗衡，业内地位十分稳固，销售业绩也赶超主营电子产品的时代。

与之相对，夏普和松下等日本电器巨头还在价格战中激斗。为了尽可能地降低产品价格，两家企业在 2009 年以后也没有停止巨额的设备投入。这显然是错误地估计了局势。

在日本文化中，"斩断退路"是一个褒义词汇。对胜利抱有强烈渴望，不考虑退路的"玉碎"式进攻，在日本文化中被视作"高洁"的战法。可是，从股东和员工的角度来讲，这种不计后果的经营理念是极其不负责任的。如果经营者怀有"精神洁癖"，不愿意带着企业艰难求生，最终只会给持股人造成更大的损失。像飞利浦放弃电视机业务，诺基亚放弃通信终端业务，正是企业领导者"顺应时势而动"的做法，这一点是老牌电器企业应该学习的。

电子元件厂商之所以能够把那些为虚名所累而背负巨额赤字的电器厂商远远甩在身后，稳步提升利润，归根结底还是在于其有择木而栖的眼光。如果一不做二不休地建个世界最大型的工厂，即使它的最终结局只是在灿烂中消逝，大约也能满足经营者的情怀。可是，最终饮下苦酒的，还是企业职工、股民和合作方。

乘虚而入的三星

如果问到夏普输给了哪家企业，答案是韩国的三星电子。

"如果是这样的话，我们应该可以战胜夏普了。"

日本横滨国立大学的曹斗燮教授清楚地记得这句话。在夏普发布建设龟山第一工厂的 2002 年的某一天，曹教授跟三星的高管一起打高尔夫球。该高管曾做出这样的论断。

当时三星最担心的是夏普在海外建厂生产液晶电视。因为夏普的液晶电视的清晰度远远超过三星。如果在中国建厂，以较低的成本大量生产，随后销往各大发展中国家，那么三星是绝对没有取胜的可能的，因为在技术上赶超夏普至少需要几年的时间。

"如果他们决定在海外建厂，我们就输定了。"

然而，三星所忌惮的事情并没有发生。夏普最终选择在龟山和堺进行大规模设备投资，将液晶电视的生产局限在日本国内。

日本国内媒体对这种针对液晶和等离子电视的巨额投资行为大加称赞，连日进行大篇幅报道。而几年后将日本液晶屏制造商逼向绝路的三星，此时正在默默地勾画着翻盘的蓝图。

其实，三星在 1997 年的亚洲金融危机中遭受重创，几乎面临破产。在 1998 年举行的"生存对策会议"上，三星决定将原有的 120 项业务缩减为 34 项。将没有发展前景的业务统统舍弃，集中经营资源到发展前景良好的业务上。最终，三星的决策层瞄准了液晶电视领域。

"我们生存下去的唯一途径，就是把液晶电视的市场从日本企业手中夺过来。"三星的假想敌正是日本业界第一的夏普。在技术落后于夏普的情况下，三星决定在价格和销售能力上做文章。三星率先向各大发展中国家派出了销售团队。当时，这些国家的电视机市场还被晶体管电视所占据。三星希望赶在夏普之前熟悉当地状况，做好争夺市场的准备。而当时的夏普并没有向越南、俄罗斯和中国等国派出销售团队。

"我们的产品是最先进的液晶电视。"三星的销售团队在发展中国家的市场中稳步渗透。当时，三星发起了"区域专家制度"，将员工派往全世界 60 个国家 700 座城市。在为其一年的外派期间，员工们需深度了解当地的文化、市场趋势以及需求，构筑人脉。随后，每年投入约 1 兆日元的资金，在各地建立垂直经营的体系（生产、销售、宣传一条龙的体系）。

与三星相比，以夏普为代表的日本企业的反应要慢得多。其原因在于当时发达国家的销售状况良好，虽然察觉到三星和 LG 在发展中国家的动作，还是摆出一副"随他们折腾"的傲慢态度。这就是"大舰巨炮"思维的弊端。过分重视技术的夏普和松下，投入大量精力在高清晰电视的开发和大规模工厂的建设中，却无暇顾及销售渠道的构建和营销策略的调整。当年，日本的电器企业正是通过对市场的细心钻研和开拓，才打败欧美电器巨头。而现如今的日本企业却将这一点抛在脑后。

2008 年雷曼冲击席卷世界经济。发达国家的液晶电视市场进入寒冬期。日本国内不断增产的夏普和松下迅速陷入产能过剩的状态，不得不匆忙开拓发展中国家的市场。可是这时，这块高地已被三星和 LG 牢牢地控制。

遭受国策企业的"凌虐"

虽然战胜夏普的是韩国企业三星，然而在雷曼冲击之后，将夏普置于死地的确是日本的"国策企业"——日本显示屏（JDI）。

JDI 是 2012 由官方财团产业革新机构注资 2000 亿日元，将日立制作所、索尼和东芝的中小型显示屏业务统合而成的公司。该公司的成立与原本业界第一的夏普形成了"内斗"的局面。

其实在 JDI 筹备期间，经产省曾邀请夏普共同加入。然而，作为业界第一的夏普有着很高的企业尊严，不屑与"弱者"为伍，最终拒绝了业务整合的邀请。事实上，JDI 无论在决策的效率层面还是技术层面，都跟夏普有很大的差距。

可是，在此后的数年中，夏普逐渐丧失了各方面的优势。2012年，夏普的经营危机变得明了。短期内走马灯式地换帅，令旗从片山干雄交由奥田隆司，再落到高桥兴三手中。由于资金周转不利，新的液晶技术的开发也停滞。而与之相对，获得产业革新机构充足资金补给的 JDI 下大力气进行研发，以缩小与夏普之间的差距。到了 2014 年后半年，其一部分技术已超越夏普。比如 JDI 率先实现内嵌式触控屏的大规模生产。由于这类触控屏在组装上更便捷，所以大幅降低了智能手机的制造成本。

JDI 以此项技术敲开了世界最大的智能手机市场——中国的大门。中国市场对于夏普来说，同样有着举足轻重的地位。由于美国苹果的产量增长缓慢，曾经依赖苹果的夏普不得不为扩大销路而奔走。

胜负的关键在于掌握当时中国最大的新兴智能手机制造商——小米科技。小米在被誉为"中国的乔布斯"的年轻 CEO 雷军的领导下，以崭新的营销策略成功地抓住了中国年轻消费者的心。在短时间内，小米迅速成长，成为继苹果、三星之后的世界第三大智能手机品牌。如果能够取得小米显示屏的供应权，销售业绩就会实现大幅度的飞跃。

这次率先出手的是夏普。夏普瞄准了还没有崛起之前的小米，对这一未来的大客户表现慷慨。由于 iPhone 的生产变缓，夏普的高层一直在探寻"后苹果时代"的出路。看到小米这艘未来的大船，夏普的高层曾放下心口的一块巨石。就在这一间歇，JDI 也发动了对小米的猛攻。

2014 年，JDI 在东京证券市场上市，获取大量资金后大力投入到嵌入式触摸屏的研发和设备投资中，终于在夏普之前实现了这一产品的大规模生产，并保持以往的液晶屏同等价格进行销售。这样一来，小米毅然决然地放弃老供应商夏普，转而与 JDI 签署了供货合约。

这一大胆的定价被业界称为"大塚价格"，是以其社长大塚周一的姓氏来命名的（大塚此前担任尔必达存储器的首席运营官）。他提出的价格对于 JDI 来说，可以说是"割己肉断敌骨"的舍身打法。即便从夏普手中夺得小米这个大客户，JDI 在 2015 年 3 月期的决算仍显示出 122 亿日元的亏损。

由此，我们可以推测，JDI 提出"大塚价格"的目的不是争取短期内的经营业绩，而是将竞争对手夏普彻底逼入绝境。

经产省的深谋远虑

话题要回溯至 2012 年。

这一年，中国国内崛起了一批大型液晶显示屏工厂，这令全球整个液晶显示屏行业都受到了冲击。当时，产品滞销的并非夏普一家。日立制造所、索尼和东芝也都陷入产能过剩的窘境。

上述日本企业虽然产品滞销，但仍掌握着最尖端的液晶技术。对此技术垂涎三尺的就有此后收购夏普的中国台湾鸿海精密工业集团。作为为苹果生产 iPhone 屏幕的世界上规模最大的电子产品委托生产商，鸿海首先想到的是与日立的液晶显示屏部门合作。急于甩掉液晶显示屏业务这一包袱的日立与鸿海董事长郭台铭一拍即合，双方的合作谈判很快进入实质阶段。

然而，经济产业省对这一合作颇为不满。站在经产省的立场来看，日立和鸿海这一合作，实质上会造成日本先进液晶技术的"海外流失"。经产省势必要加以干涉，而其打出的"王牌"就是将日本各大电器巨头的中小型液晶业务加以统合，组建"日之丸液晶会社"。为经产省这一行业统合提供资金的就是官方基金产业革新机构。

产业革新机构原本是为支援日本国内的创业企业而设立的。虽然有小部分资金来自民间，其实质是经产省的"另一个钱袋子"，包括政府保证金在内的总投资能力达 2 兆亿日元。此次，为阻止日立和鸿海的合作，该机构投入 2000 亿日元，统合日立、索尼和东芝的相关业务，组建前文所述的 JDI。

其实，按照经产省的构想，夏普也是此次业务整合的目标之一。其原因在于，在同行业有两家以上的企业，而其中一家由国家资金介入，就会破坏同一行业内公平竞争的环境。原本为防止先进液晶技术的海外流失而进行的业务统合业已威胁到液晶产业的公平竞争。这显然是经产省不想看到的局面。为防止这一统合带来的副作用，经产省期待夏普加入 JDI，实现日本国内液晶行业的全面统一。

然而，当时夏普的决策层拒绝了来自国家的援助。

时任夏普会长的町田正彦说道："在商场上，只有破釜沉舟者才能取得最终的胜利。没有依靠国家援助而取胜的道理……如今的夏普虽然身处困境，我们依旧是世界第一的液晶显示屏生产商。"这虽表明夏普"不依靠国家援助"自力更生的决心，但也从另一个角度反映了日本"技术流"名门企业的过度自傲。

夏普和鸿海的连结点

在经产省接触夏普未果的同时，与日立合作项目受阻的鸿海董事长郭台铭频频向夏普示好。鸿海最初从承担苹果产品的组装业务起家，随着苹果公司的不断发展而急速成长。然而，这样归根结底无外乎是苹果业务的承包商，一旦苹果有衰退的迹象，鸿海也会随之衰落。作为鸿海的掌舵人，郭台铭一直想要打造一个强大的自主品牌，所以极度渴求与日本技术流企业合作。此前与日立的合作被经产省横刀阻拦之后，郭又转而极力劝说夏普的町田与之合作。

"町田先生，如果夏普和鸿海联手，一定能击溃对手三星。"

当时，鸿海的总销售额已达 10 兆日元，是世界上最大的电子产品委托生产商。同时，夏普虽然在液晶技术上领先于世界同行，但在雷曼冲击后，其生产的高精度液晶电视大量滞销，庞大的投资无法回收，公司身处绝境。

2011 年 8 月，町田受邀访问鸿海位于台北的技术开发据点。每年销售 1 亿数千万台的 iPhone 虽然由苹果公司设计和研发，但其大规模生产的技术却出自台北。

夏普常年为苹果提供液晶显示屏，町田自然了解苹果对产品的严苛要求。在他看来，能够满足苹果产品组装要求的鸿海，其生产技术和标准自然不会差到哪里，却无论如何无法想象新兴台湾企业的生产水平竟已达到世界领先的高度。在参观鸿海最核心的研发中心时，面对错愕的町田，郭不禁露出得意的笑容，似乎在问："怎么样，不错吧。"

如序章所述，町田被眼前的景象惊呆了。他自言自语道："比我们要先进得多，我们已经被超越了啊。"

鸿海虽然采用了日本的生产设备，但对其进行了进一步的改良，

125

将索尼、诺基亚、苹果的先进生产技术和经验进行整合，打造出了世界最先进的生产车间。

在访问期间，郭还向町田建议。

"我们的合作不要仅仅局限在液晶电视领域。我们何不一起搞搞白色家电？"

町田反问道："你们曾经做过白色家电吗？"

"没有。"郭道。

与以半导体芯片为主的电子器械不同，白色家电的核心在于物理驱动力，组装的难度更大。

"没有经验的话，短时间内可是做不来的啊。"町田道。

"那你们教我们做啊。"郭道。

4个月后的一天，郭拖着一个大型礼物，再次出现在町田面前。

"怎么样，这个能卖出去吗？"郭问。

这个礼物是鸿海自主研发的电风扇，品相看起来很不错。

"你真是个急性子啊！"町田没有直接回答，内心却为鸿海上下的决断力和行动力所震撼。

会谈中，如果遇到对中国大陆政策不了解的时候，郭会让町田稍候，自己则直接打电话确认。为中国大陆创造100万就业岗位的鸿海与中国大陆政府之间的关系可谓相当紧密，其所能接触到的信息量也远非夏普能及。

正如郭所说，鸿海的生产能力加上夏普的技术，是真正意义的强强联合，有希望成就一番大事业。也正是由于此，町田才放弃经产省关于组建"日之丸液晶会社"的邀请，下定决心与"台湾的暴发户"合作。

急转直下

两家公司的合作事宜在郭和町田自上而下的推动中，取得了显著的成果。首先，2012 年 3 月，郭以个人名义向夏普的堺工厂出资 660 亿日元，取得该工厂一半的产能。在此基础上，鸿海决定向夏普主体出资，购买其 9.9% 的股权。双方就此达成了初步的协议。亚洲新兴电器企业对日本电器巨头进行如此规模的投资，在历史上还属首次。

然而，就在出资前夕的 2012 年 8 月，夏普突然对 2013 年 3 月决算的预测进行大幅修改。预计亏损额由原先的 300 亿日元调整为 2500 亿日元。

"怎么能说变就变！"

郭大为震怒。

夏普的经营状况与预计相差甚远，也难怪鸿海方面会拍案而起。

次日一早，在东京港区夏普的办公大厦，时任顾问的町田和会长片山与郭台铭进行了会谈。2012 年 3 月，鸿海决定入资的时候，夏普的股价为每股 550 日元一股。然而，由于业绩大幅下滑，会谈当日的股价已跌至每股 187 日元。如果按照 3 月商定的价格出资，夏普将面临巨大的损失。

"为了不给鸿海添麻烦，我们会重新考虑收购价格。"在町田率先表态之后，郭边点头边说："让我们两家公司联手将夏普的股价抬升回去吧。"

当晚，鸿海在台湾证券交易所披露了"已与夏普就重新修改出资价格事宜达成共识"的消息。在夏普股价下跌之后，鸿海的股价也随之下跌。郭比任何人都想停止这一事态的恶化。

然而，夏普在当日却发布了与之相反的信息。夏普官方称："两家公司并没有就调整出资价格一事达成共识。"

"这到底是怎么回事呢?"股票投资家和金融界相关人士都表示出极大的困惑。

两家公司之间的鸿沟

实施上，夏普不承认"达成共识"一事是有原因的。夏普 2012

年 3 月决算亏损额为 3760 亿日元，是史上最大额度的赤字。片山为了承担经营责任于当年 3 月引咎辞职，出任没有代表权的会长一职；时任顾问的町田同样没有代表权。也就是说，8 月 3 日与郭的会谈中，夏普方的出席人员没有公司的代表权。虽说二位都曾任夏普社长，却对"调整出资条件"这一项事宜没有决定权。如果夏普宣布"达成共识"，就要受到商法的追究。

而在会谈当日，具有公司代表权的社长奥田和负责财务的专务董事大西徹夫，正在就修改决算计划一事向各大金融机关说明情况，忙得焦头烂额。

夏普公司内部反对与鸿海合作的势力没有放过这一"绝好"的机会。此后，町田本人也绝口不提"积极修改出资条件"一事，而是不断在公众面前强调"绝无修改出资条件的意愿"。

对此，町田只有一味示弱，以躲避鸿海的催促。"我现在也只是一个一周上两天班的顾问，已经远离一线，实在无能为力。"交涉一度触及暗礁，然而却说不上是真正意义上的放弃谈判。实际上，夏普表面上是对修改股权价格的问题寸步不让，实则只是在无休止地拖延时间。因为无论从处境上还是道义上来讲，都不应该由夏普方面撕毁合约。

如果最终鸿海放弃注入资金，那么夏普巨大的资金空洞又将由谁来填补呢？如果明确表示终止谈判，夏普就必须对市场就"填补空洞"方案做出说明。所以，一方面夏普跟鸿海方面摆出"谈判继续"的姿态；另一方面，片山远赴海外筹集资金。

片山接连走访了英特尔、苹果、戴尔、惠普、微软和三星电子，为了推广其新型核心液晶显示屏"IGZO"，几乎动用了其社长时代结交的所有人脉。

11 月 1 日，夏普再次提出"赤字预想额"的修改，将 2013 年 3 月期最终赤字预想额定为 4500 亿日元。为此，美国评级公司标准普尔（Standard & Poor）在其评价标准中，将夏普的信用等级连降三级。

即使事态恶化到这个局面，片山和奥田依然坚持不修改鸿海对夏普股权收购的出资价格。

"不谈了！"

郭的忍耐终于到了极限，鸿海向夏普本体出资的计划就此终结。

"这群企图盗取夏普先进技术的强盗。"

以片山为首的夏普的高层如此称呼鸿海。

在鸿海的出资计划彻底搁浅的 2013 年末，经产省的高管对夏普冷言相讥："呵，夏普和鸿海的合作，从一开始就是十足的笑话。"

被称为"国贼"的男人

赶走了鸿海，夏普公司内部短时间里荡漾着一种"安心"的空气。然而，从本质上而言，赶走鸿海并没有解决夏普的任何核心问题。本来町田邀请鸿海出资，就是因为公司的资产负债表出现了危机。

当时，总营业额 2 兆日元的公司不光背负着 1 兆 2000 万日元的有息贷款，还有库存、设备和人员三项巨大的开支。由于巨大的液晶工厂的生产率过低，监查法人①有义务要求夏普做出减损处理。然而一旦这样做，公司的资产负债就会陷入债务超过的局面，实际上就等于宣布破产。

那么，为了填补这一巨大资金漏洞，夏普又采取了什么措施呢？片山的努力终于见到了一点成效。他从美国半导体巨头高通（Qualcomm）和韩国三星电子各筹得 100 亿日元。可是，想要解决夏普当前的存亡危急，即使是 10 倍的出资也仍嫌不够。

对于这一切，经产省一直面带微笑，隔岸观火。

资产负债表的巨额漏洞没得到彻底的填补，夏普迟早还会面临经营危机。给了夏普最后致命一击的，是新成立的 JDI。JDI 不惜自身亏损，祭出"大塚价格"的撒手锏，取得小米手机的嵌入式触控屏的供应权。这一举措把将公司命运压在小米身上的夏普彻底逼上了绝路。

---

① 指日本审计机构、审计事务所。——译者注

　　JDI 的最大股东是作为经产省"另一个钱袋子"的产业革新机构。从这一点来考虑，也可以说经产省是击溃夏普的幕后最大推手。

　　坐收渔利的不光是以低价格获得嵌入式触控屏的小米，还有韩国液晶屏生产商三星。夏普高层的相关人士曾多次表达不解："为什么 JDI 要与我们为敌呢？"如果从经产省"防止先进技术的海外流失"的宗旨来考虑，这一场兄弟之间的火并就容易解释得多。毕竟，在向海外出售技术这一事情上，夏普是有"前科"的。

　　1970 年代末，夏普曾向三星提供半导体技术。以此为契机，三星超越 NEC 和日立制作所，成为 DRAM 领域的世界第一。当时促成对三星进行技术指导的正是夏普原副社长佐佐木正。现如今，三星公司内部仍将佐佐木视作恩人。而此后饱尝三星苦头的日本半导体企业和经产省，无疑将佐佐木视作"国贼"。

　　夏普向三星提供半导体技术也有其历史和现实原因。早在创始人早川德次时代，夏普就确立了"生产可以被模仿的产品"的理念。夏普曾有一段高速成长期。在此期间，公司先后推出了领先于业界的自动铅笔、收音机、电视机、计算器等产品，夏普无一例外都将技术传授给了同行企业。

　　佐佐木还曾亲赴松下电器产业（现松下）在大阪的本部，拜访松下创始人松下幸之助，请求松下分享在计算器业务上失败的经验和教训。他还经常这样勉励公司的开发人员："我们就是要开发可以被同行效仿的产品，通过他们来开拓消费者市场，这样做对于消费者也是有益的。如果商品的销售状况由于大量同行涌入而变得不好的时候，我们推出新的产品就好。"这就是我们如今经常提到的"开放式创新"的思想。然而，这一思想与经产省所坚持的"知识产权保护"战略背道而驰。为了防止半导体行业悲剧的重演，经产省出手阻止夏普和鸿海的合作也在情理之中。

经产省描绘的"电器产业重组"蓝图

2013 年，夏普曾经动过将复印机业务卖给三星的念头。复印机业务集中了众多知识产权专利，以佳能和理光（RICOH）为代表的日本企业在这个领域占有重要的地位。虽然，三星在半导体、智能手机和液晶电视上给日本企业带来重创，然而其技术团队始终没有攻克复印机相关的尖端技术难题。对于日本企业来说，是绝不能将这项技术对外转让的。在得知夏普这一动向之后，经产省和其他日本电器企业表现出了异常的恐慌。他们以共有知识产权为名阻挠了这一业务转让。

"夏普这样的企业，如果听之任之，早晚会把日本的先进技术纷纷倒卖给外国企业。这实在是太危险了。"

经产省对此十分担心，因为难保穷途末路的夏普不会以出让先进技术这一饮鸩止渴的方法续命。以节能的 IGZO 液晶显示屏为例，这项技术由科学技术振兴机构（Japan Science and Technology Agency, JST）投入大量资金进行研发。如果任由这项技术流入韩国、中国大陆或者中国台湾的企业，无非是用税金替国外企业做了嫁衣，这是经产省所不能容忍的。

"僵尸企业"的救援机构

为了阻止先进技术外流，经产省的基本策略就是通过产业革新机构、日本政策投资银行等"另一个钱袋子"出资，阻止外国企业向经营不振的日本大企业注资或者收购。然而，以"另一个钱袋子"里的税金援助个别企业，就等于将企业国有化。这是社会主义国家的做法。JDI 和半导体企业尔必达，就是由国家通过这种出资方式重组而成。名义上说是将 A、B、C 几家企业的某项业务进行自主统合，国家只是提供必要的援助。

其实，经产省在 2013 年还提出过成立日本电池公司（Japan Battery）的构想。操作方法与 JDI 类似，即由产业革新机构出资，将索尼的电池业务并入由日产汽车和 NEC 建立的电池公司。构想尚未实施，经产省已经把社长的人选敲定，计划由三洋（现松下）的电池业务负责人本间充担任。然而，这个构想最终没有落实，其原因在于索尼的平井一夫社长以"电池是索尼的核心业务"为由，断然拒绝合并。经产省碰了一鼻子灰，只好安排本间出任 JDI 的会长。

我并非在此否定电器行业的统合重组，显然这一举措对于日渐衰弱的日本电器行业有着重要的意义。然而，我反对以公共资金注入民营企业的做法。这种行为不仅仅是让国民为经营失败的企业买单，同时也让被救助的企业陷入道德风险。

提到被经产省过度保护"害"了的企业，首先想到的就是东芝。为东芝在液晶显示屏业务过度投资买单的是 JDI。而后，东芝因发展新一代输电网业务而收购瑞士智能仪表企业 Landis + Gyr，产业革新机构也出资 550 亿日元予以支援。

然而，即使国家在收购和重组上给予大量资金支持，东芝还是在财务造假的道路上越走越远。假设国家没有不断地对其"喂奶"，东芝的财务困境也许会早一些显露出来，处于绝境的东芝或许就会为了自身存亡而背水一战。

事实上，已经习惯接受援助的东芝直至破产前夕也没有进行过任何自救。最终，东芝很有可能在 NAND 型闪存和原子能发电业务上也接受国家的援助，最终成为实质上的"国有企业"。

另外，国家牵头行业重组的问题还在于经产省是否具备引领行业再生的能力。行业再生的关键在于舍弃负债资产，将剩余的人力和财力集中在有望取胜的业务中去；同时，在处理负债资产时，能尽可能调节债权人、股东和劳动组合（类似于工会）之间的利益关系；在走司法程序的时候，能够顺利推动整个过程的实施。

美国的私募基金（Private Equity Fund）就掌握着业务再生的要领。以底价收购经营不振的公司，以雷霆手段裁减人员削减债务，等到公司业绩回升到高值的时候再将该公司转手。非常遗憾，无论经产省还是产业革新机构都没有这样的决断力和行动力。

以产业革新机构出资的瑞萨电子为例，其工厂北到山形县，南到熊本县分布在全国九个地方。由于产业革新机构缺乏统合、废止、合并（统废合）的能力，几乎所有的工厂都就地闲置（只有山形的鹤冈工厂卖给了TDK）。如果由欧美投资基金做股东的话，恐怕早就把拖沓的经营者轰下台了。

迄今为止，产业革新机构总投资额为8000亿日元，其中4000亿日元用于电器行业的重组。这一点偏离了机构创立之初"支援创新企业"的宗旨，实际上变成了为"僵尸企业"续命的"救援机构"。

剧情大逆转

将话题转回夏普。在JDI打出"大塚价格"夺取小米手机的触控屏订单后，夏普被逼上绝境。产业革新机构算好时机准备对夏普进行"救援"。双方在水下的斡旋从 2015 年秋天开始，直到 2016 年 3 月末，夏普为偿还巨额债务和可转换贷款，出现了数千万日元的资金缺口，不得不主动向产业革新机构请求援助。

2016 年 1 月，产业革新机构提出对夏普的正式救援方案。其具体措施为：该机构向夏普出资 3000 亿日元，同时三菱东京 UFJ 和瑞穗两家主力银行放弃夏普 2000 亿日元的债券，并将 1500 亿日元债务转为股份。援助总额高达 6500 亿日元。条件则为夏普将液晶业务分离出来，与 JDI 进行合并重组。

如此一来，经产省所描绘的"日之丸液晶公司"的蓝图就真正实现了。日本国内的各大报刊也以这个口径做了大量报道。

然而，就在产业革新机构和夏普正式达成协议之前，鸿海打出了扭转局面的王牌。鸿海给出的条件是：向夏普出资 5000 亿日元。另外，如果银行购入 1000 亿日元优先股的话，可以不放弃对夏普的债权。这对于夏普和银行来说，可以说是破格的绝好条件。

主力行之一的瑞穗银行率先表示支持鸿海对夏普的收购计划。2016 年 2 月，夏普最终决定放弃产业革新机构的计划，接受鸿海的收购条件。

此后，由于夏普又清算出 3500 亿日元的或有债务（有可能发生的债务），鸿海将收购额调低至 3888 亿日元。2016 年 8 月，鸿海以

3888 亿日元的价格完成对夏普的收购。从此,日本名门电器企业夏普成为中国台湾企业鸿海的旗下品牌。值得一提的是,这一三连"8"的幸运数字在中华文化圈中有着"财运滚滚"的含义。

和日本电产的"真实关系"

今后,鸿海将如何推进夏普的重建工作呢?

2015 年 2 月,夏普原会长、时任日本电产副会长的片山干雄出现在夏普的合作工厂。这座工厂坐落在中国深圳,承担智能手机显示屏的后续生产工作。从片山担任夏普社长开始,就是夏普重要的合作伙伴。

然而当时片山已转任日本电产公司的高管,这座工厂又素来与日本电产没有业务往来,那么片山的突然造访意欲何为呢?

据夏普的工作人员推测:"以往片山想要推出什么新产品,都会在这座工厂小批量制作样品。这次的突然造访,应该说明日本电产在进行新产品的研发和调试。"

那么,片山在酝酿的新产品到底是什么呢?我们能从他入职日本电产后接受媒体采访时的发言,寻找到一些蛛丝马迹。片山表示:"日本电产将要发起一项大家意想不到的项目。这个项目的最终宗旨在于为人类提供更便捷、更舒适、更幸福的生活。我相信你们会为此欣喜和激动。"

日本电产的主要业务是生产小型精密马达，该产品常被置于电脑的硬盘中。日本电产在这个领域是绝对的世界第一。然而，这显然不是片山口中的"意想不到"的产品。因为，在不久的将来，硬盘业务将迎来移动闪存产品的冲击，市场前景并不被看好。日本电产的创始人永守重信正是抱有这一种危机感，才将"外行人"片山招入麾下。

对自己企业同样抱有强烈危机感的是鸿海的郭台铭。鸿海的主要业务是为苹果公司代工生产智能手机 iPhone，公司曾因 iPhone 的热卖而飞速崛起。然而，苹果也是鸿海的软肋所在。现如今，即使是从不以价格取胜的"独一无二"的苹果手机，也逐渐受到中国智能手机品牌的价格冲击。对于鸿海来说，发展的第一要务是摆脱对苹果的依赖。

"如果还迷恋这块阵地，我们就将有性命之忧。"

永守和郭，这两个怀有共同危机感的创业者，如果以夏普为媒介精诚合作，将开辟出一块怎样的新天地呢？

最终目标是生产电动汽车？

如果这两个人联手的话，最终将朝哪个方向发展呢？

对此，永守曾表示："我们要实现从部件供应商向最终产品生产商的转型。"这个最终产品显然不会是液晶电视和智能手机。如今再涉足薄利多销的市场无非是死路一条。

那么，现如今两家公司联手，很有可能意在生产电动汽车（Electronic Vehicle，EV）。日本电产的马达技术、鸿海的生产力，再加上夏普的电子元件、通信设备和液晶显示屏的技术，是完全有可能生产出具有价格竞争力的电子汽车的。

没有内燃机组的电子汽车的生产工艺要比化石燃料的汽车简单得多。从原理上来说，就是在底盘上安装电池，给车轮连接上马达就可以行驶。组装工艺比起传统汽车更接近智能手机。所以即使对于新进入这个行业的公司来说，难度也并不是很高。

可即便如此，光靠鸿海和日本电产两个"门外汉"，要闯入汽车行业还是困难重重。这里，郭台铭的广阔人脉就起到了重要的作用。

"在 iPhone 之后，不准备试试生产汽车？"

2015 年，美国报纸报道了电子汽车巨头特斯拉（Tesla Motors）的创始者埃隆·马斯克向郭发出邀请的消息。虽然，双方的会谈有半开玩笑的性质，可是谁也说不准双方是不是真正的"郎情妾意"——毕竟马斯克和郭的私交甚好。马斯克怀揣着"早日让汽油车从地球上消失"的伟大抱负，而有低价且大量生产精密仪器能力的鸿海刚好可以助特斯拉一臂之力。

如果鸿海和日本电产的阵营最终邀请特斯拉加盟，那么对于电子汽车至关重要的电池技术的问题也迎刃而解。因为，特斯拉正在和松下合作，在美国建立巨大的锂电池工厂。

从郭的人脉来推测，另一个可能的合作伙伴就是苹果。苹果已经逐渐意识到 iPhone 的局限，计划在 2019 年开启电子汽车的业务。苹果将这个计划命名为"泰坦"（Titan），预计招揽超过 600 名的研发人员。

苹果公司掌握着约 24 兆日元的现金，如果下定决心开拓电子汽车产业，即使收购一两家主流汽车生产商也并非不可能。况且其在 IT 和互联网业务上的最大竞争对手谷歌（Google），已经以自动驾驶技术率先进入了汽车行业。这对于苹果来说，无疑是最大的外在促因。

苹果突入电子汽车市场，正需要与鸿海这样能以较低成本大量生产的公司合作，所以二者合作的可能性很高。而鸿海积极收购夏普，也许就是在为这一合作做准备。

从发展历程上来看，鸿海和日本电产之前都是在为其他最终产品生产商服务。对于企业的创始者来说，在商业生涯的后半段，都希望能够创立属于自己的核心品牌。郭收购夏普，永守从夏普引进人才，大概都是出于这种考虑。

　　那么，在这两个男人身后的，到底是特斯拉还是苹果呢？这两个分别代表着日本和中国台湾的创业者赌上了一代人的努力，正在酝酿着一场大的战役。而收购夏普，仅仅是这场战役的小小序章。

4 索尼

平井改革的紧要关头

脱离电子产业，终见微弱光明

2018 年 3 月期，时隔 20 年，索尼终于实现了营业额的新突破。公司的业务环境趋势良好，家用游戏机"PlayStation 4"和智能手机用图像传感器的需求量增加。2016 年 12 月，时隔三年，信用评估公司穆迪（Moody's）终于恢复了索尼"适合投资"的等级。

时间回拨到 20 年前，正是明星经营者出井伸之坐上社长之位的第三年。当时个人计算机"VAIO"和大画幅晶体管电视"WEGA"热卖，家用游戏机"Playstation"也进入快速成长期。

然而，索尼随后进入了长久的休眠中。在"Playstation"之后，索尼常年没有推出市场反响很好的产品。历代社长，从安藤国威、中钵良治到霍华德·斯金格（Howard Stringer），不断将业务扩展到电视机、音像、电影和金融等行业，缔造了一个庞大而不适应互联网时代的索尼，白白浪费了发展的好时光。

2012 年就任社长的平井一夫从进入索尼子公司 CBS 索尼（现索尼音乐娱乐公司，Sony Music Entertainment，SME）以来，就被索尼人视为旁支末流人士。包括他自己在内的索尼人都未曾预料到他能担任索尼总社的掌门人。然而对于一个陷入"电视机制造商"魔咒的索尼来说，若要有彻头彻尾的改革，就必须冒险起用平井这样的"旁门左道"才行。

用一句话概括平井这个人的风格，就是无论褒义也好，贬义也好，都是"没有作为名门企业掌门人的自尊"。在精英"技术官僚"提出反复推敲打磨的产品企划后，平井就会以"可是，这一点都不酷啊"的理由而全盘推翻。这种"不墨守成规"的做法在平井的领导行为中十分常见。

平井将这种"不墨守成规"的作风应用到了电子业务的分化和重组上。电子业务一直是精英技术官僚坚守的高地，同时也是索尼赤字的元凶。平井率先主导将电视机业务从主体业务中分离，成立分公司，随后将个人计算机业务转让。这样一来，索尼以往以电视机和个人计算机为主打的宣传战略也不得不改变。其中之一就是不再继续担任国际足联（FLFA）的赞助商。

在平井的经营战略之下，涉及电子业务的部门几乎都经历了一轮分化和重组。如果继续执行这一战略，索尼有可能被摘掉"电器巨头"的帽子。然而，对于公司发展来说，这也许并不是一件坏事。只有从"电器巨头"的群体中脱离出来，索尼才有望得以生存。

从产品生产到培养"回头客"

索尼 2016 年 4 月至 6 月的季度财务报表显示，当期纯利润为 211 亿日元，较前一年同期下降 74%。由于熊本地震，当地的工厂受损，半导体业务整体低迷。与此相对，一直以来令人头疼的智能手机部门实现了盈利。同时，游戏业务的营业利益也大幅增长。

将电视机和个人计算机等主力业务分离后的索尼，呈现出与以往完全不同的发展态势。换言之，索尼从"产品生产和销售"的传统制造商，向着"持续向消费者提供服务以实现持续收益"的"回头客"经营模式（Recalling Business）转变。

这一转变的模板正是美国苹果公司。苹果在互联网普及之前，是传统的个人计算机生产商。而如今，在硬件之外，提供应用下载服务的"App Store"和提供在线音乐的"iTunes Store"成为其收益的新源泉。由此，苹果的商业模型不再局限于硬件的生产和销售，而是通过网络向硬件使用者提供软件应用和音乐以实现持续的收益。因为习惯使用 App Store 和 iTunes 而继续选择购买苹果硬件的用户也不在少数。

这种通过网络向电子终端使用者提供廉价而持续的服务的公司

被称为"平台商"（Platformer）。世界上比较知名的平台商有苹果、谷歌、脸书（Facebook）、推特（Twitter）、亚马逊（Amazon. com）。在几乎被美国企业主导的世界市场中，唯一跻身其中的日本企业就是索尼。当然，日本国内还有一些被本国人所知晓的公司，比如乐天（Rakuten），也属于平台商。

索尼作为平台商的优势在于其游戏业务，其主打游戏机"PS4"在全球有超过 4000 万台的保有量。由于 PS4 的使用需要连接到网络，所以平台商可以向全球的用户提供游戏以外的音乐和电影等在线娱乐服务。如果索尼的互联网金融业务得到进一步发展，就可以通过 PS4 向用户销售金融和保险产品。作为成年人用户，可还以通过索尼这个平台进行金融理财交易以及购买保险产品。

2016 年 4 月至 6 月期数据显示，索尼游戏业务的营业利益为 440 亿日元，是 2015 年同期的 2. 3 倍。同时，其互联网服务的收益超过游戏机和其他硬件的销售收益，而且这一项收益还有望继续扩大。今后游戏业务整体也有较大的成长空间。此外，值得一提的一个增长点是虚拟现实技术（Virtual Reality，VR）。它通过计算机模拟出一个三维空间，给使用者提供一个身临其境的视觉体验。索尼互动娱乐（Sony Interactive Entertainment）已于 2016 年 10 月推出了适用于 PS 的 VR 终端"PSVR"。

PSVR 是可以与 PS4 连接使用的潜水镜式的 VR 终端。使用方法非常简单，将其罩在脸上就可以实现虚拟空间的体验。虽然美国脸书的 Oculus 和中国台湾的 HTC 也参与到 VR 技术的研发，然而拥有 PS 这一平台的索尼在实力上更为强劲，目前在该领域保持绝对的领先。

VR 技术在游戏领域之外的应用前景也非常好。比如房地产公司可以通过 VR 技术向客户展示"假想的预约住宅"。用户只要佩戴上 VR 终端，就可以在假想的房间中行走。"实地"考察房间的布局和日照的状况。职业棒球俱乐部乐天鹰（Rakuten Eagles）在 2017 年引进了 NTT 数据公司提供的 VR 训练系统。该终端可以模拟出不同投手的投球轨迹。击球者通过佩戴头戴式显示器，就可以实现多样的战术练习。据美国金融巨头高盛预测，到 2025 年，VR 产品的市场规模将达到 590 亿美元（约 6 兆亿日元）。

此外，索尼在影像和音乐的播放业务上也有着切实的增长。其中一个例子是，索尼于 2016 年以 3 亿 8500 万美元（约 400 亿日元）收购了印度体育频道 Ten Sports Network，从而取得了该公司在印度的卫星和有线电视节目的播放权。值得一提的是，这家公司的业务不仅仅局限在印度，而且能通过卫星和有线电视向马尔代夫、新加坡、中国香港、中东等地提供体育节目，掌握了包括板球、足球、网球、高尔夫、赛车等多项世界大赛的转播权。

索尼能够实现向"回头客"商业模式转变的关键原因，正是由

于平井的"末流"职业路线。平井 1984 年从日本国际基督教大学
毕业进入 CBS 索尼,直至 2009 年 4 月出任索尼执行副总裁的 25 年,
一直在子公司供职,从来没有接触过作为主流的电子产品业务。这
在传统的"索尼人"眼里,无疑是"局外人"一般的存在。

有机的衰退

平井上任之后,索尼终于从"制造业魔咒"中摆脱出来,2017
年首次超越 1997 年创造的最高收益。这距离标志索尼走向衰落的
2003 年的"索尼危机"已过去 13 个年头。在此期间,索尼曾多次
尝试通过削减人员和业务分化重组摆脱困局。由于业务分化而被裁
员的员工超过 8 万人,总营业额下降 20%,公司品牌影响力也大幅
减弱。

那么,公司经营策略的改革为什么会耗费如此长的时间呢?

首先,我们回顾一下重要的数据。在雷曼危机前夕的 2007 年 3
月期,索尼的总营业额高达 8 兆 2957 亿日元。其中液晶电视、DVD
录像机、数码相机、游戏机的销售情况良好。2008 年 3 月期的销售
额达到 8 兆 8714 亿日元,大有冲击 9 兆日元之势。

而五年后的 2013 年 3 月期,公司的总销售额仅为 6 兆 8008 亿

日元。跟巅峰时期相比，减少 2 兆日元之多，而此时个人计算机业务还没有被分离出去。通常，企业不是通过业务兼并和收购而扩大规模的情况被称为"有机的成长"。而与之相对，像索尼这样在雷曼冲击之后并没有出让业务而缩小规模的情况被称为"有机的衰退"。

企业的最终目的是获取更多的利益，而不是无限度地扩大营业额。从这个角度来看，在适当的时候缩小企业规模是必要的。索尼以及在下一章将要详述的松下，在雷曼冲击之后都采取的削减人员和物资调配的措施，就是这种"紧缩式"经营方针的佐证。

丢弃再丢弃

一般公司的基本经营理念是，抛弃不盈利部门的同时建立新的部门。这一理念被称为"丢弃和建设"（Scrap and Build）。然而，索尼和松下两家公司都只是不断地舍弃不盈利的旧业务，并没有创建盈利的新业务。

短期来看，这种"舍弃"可以削减企业过重的固定费用支出，使得收益水平和资金回收率上升，从而提升企业经营业绩。然而，这种手段并非长久之计。在企业经营状况下滑的时候不断出让业务和裁减人员，就等于在热气球下降时不断地丢弃燃料瓶。丢弃燃料瓶虽然可以减轻热气球的负荷，使热气球在短时间内上升。但是，只有通过燃烧燃料向球体内源源不断地提供热气，才能令热气球持续上升。类比企业，就是通过发挥新业务的活力和人才的创造力，给企业带来源源不断的利益。而不断地裁撤业务和裁减人员，只能使企业像没有燃料的热气球一样，慢慢坠落。

平井的使命就是终止这一场恶性循环。这一道理并不难理解，然而新的燃料瓶到底在哪里呢？

找到新的燃料瓶并非一朝一夕之事。所以在平井上任后的一段时间内，索尼依旧延续着"丢弃"的经营方针。在他就任之初，股市和媒体曾对"平井改革"做出高调宣传，索尼的股价也因此增长。然而，这一"蜜月期"并没有持续很长时间，几个月后，市场的残酷行情逼迫索尼做出下一个"丢弃"决定。随后，股价虽有涨有跌，但大方向上是持续走低的，就如同燃料耗尽的热气球一样。

出井和斯特林格

索尼的问题究竟出在何处，以致陷入多年的苦斗。在此，我们回顾一下索尼过去20年的历史。

简单地总结一下，索尼过去 20 年的发展史大致分为 3 个时期。其一是与创始者没有关系的"职员社长"出井伸之掌舵的时期。这一时期从 1995 年到 2003 年"索尼冲击"之前，被称为"发展良好期"。其二是斯特林格（Howard Stringer）担任会长，中钵良治担任社长的 9 年"迷茫期"。其三是 2012 年平井一夫登场之后的"集中治疗期"。

提到索尼衰退的元凶，人们首先想到的就是出井。自出井上任以来，索尼连续多年没有推出具有划时代意义的新产品。而在他指定的接班人斯特林格掌舵时期，索尼也只能算作惨淡经营。然而，如果把错误全部归咎于出井，不免也有些简单粗暴了。

事实上，出井绝不是一名无能的经营者。他在任期间，可以说是使尽全身解数，打出了所有的底牌。然而，出井的力量几乎都集中在被称为"内战"的内部体制改革上，而这一点并不太为索尼外部的人士知晓。

出井面对的"看不见的敌人"，正是索尼创始者的幻影。

2008 年 1 月的第二周，索尼在美国夏威夷的维艾勒伊乡村俱乐部举行"2008 年度索尼夏威夷高尔夫球公开赛"。在正式大赛前一天的职业—业余大赛上，当时与索尼有业务往来的大企业负责人齐聚赛场。其中有几人一同向赛场远处的豪华别墅招手，而别墅中单手持双筒望远镜观战的有一高一矮两个身影。其中身材娇小的妇人是别墅的主人盛田良子，也就是索尼创始人盛田昭夫的妻子，索尼原始股东和老员工们称之为"夫人"。恭敬地站在夫人边上的高大男人就是霍华德·斯特林格，他在 2005 年被提名接任索尼的会长兼首席执行官（CEO）。

2005 年，从会长和 CEO 位置上退下来的出井可谓是遍体鳞伤。2003 年"索尼冲击"以来，出井为提升企业业绩使出了浑身解数。在激烈的改革中，公司内部的向心力降低，最终出井在公司内部负责监督经营者行为的"指名委员会"的要求下辞职。讽刺的是，这一委员会正是在出井提出的"监督和执行分离"理念之下组建的。这样说来，出井是被自己的理念赶下了台。

在索尼董事会成员参加的指名委员会上，大部分董事不支持出井的事实得以被确认，委员会对出井提出辞职的要求。而此举正是出井导入的管理体制成功发挥作用的象征。对此决定，出井也做了一番抵抗，但最终接受了董事会的决议。事实上，"辞任"就是"被解聘"的意思。

然而，在 CEO 交接的记者招待会上，出井说道："（在自己做出辞职决定时）有一种亲手翻开历史新篇章的快感，由霍华德接任社长也是我自身的决定。"在现场，有记者反问："您的此番卸任难道不是指名委员会的决议吗？"对此，出井直到最后也坚持"继任者是自己选择的"这个说法。也就是说，是以个人意志"辞任"而不是"被解聘"。关于这个事情，公司最终也没有做出明确的解释。

其实，出井这一解释是与他所推行的指名委员会的精神相悖的。因为委员会的宗旨是受股东之托，负责监督公司制度执行，在股东利益受到损失的时候，解聘经营不当的 CEO。而按照出井的说辞，则是被解聘的 CEO 选择接班人。从制度上讲，他显然没有这一权力。

即使是日产汽车的领袖 CEO 卡尔洛斯·戈恩（Carlos Ghosn），在被问及后任人选时，也坚决强调董事会在决策中的重要性。他说："决定新 CEO 人选的权力在董事会，而非前任 CEO 个人。"在因企业经营状况不佳或企业出现丑闻而不得不解聘 CEO 时，欧美企业通常的做法是从外部空降 CEO，或者拔擢与前任 CEO 毫无关系的管理人员。由前任 CEO 指名后任的情况是不合规矩和常理的。一旦这种惯例形成，董事会的权威就受到了挑战。

然而出井在接受采访时，一再夸耀是自己选择了后任者斯特林格。这无非是想表明他的权威并没有受到董事会的监视，是自己翻开了索尼的新篇章。这与他自己主导推行的管理模式背道而驰。从这一点来看，只能说出井的观念还没有从传统"禅让"文化中脱离出来。

"对夫人绝对的尊重!"

在英国出生、于美国从业的斯特林格是一个聪明的男人,他深谙日本人的情感文化。对于将自己事业提拔到新高度的出井,斯特林格保持绝对的尊重,而出井给出的最大任务就是"对夫人保持绝对的尊重"。

冠冕堂皇的理由是有的。

"如果没有创始人的辛劳,就不会有索尼的存在。我自己作为CEO 的时候,会定期跟夫人进餐,跟她详述公司的发展状况。虽然夫人不直接介入公司的经营。但是对于索尼的 CEO 来说,对创始人的家人保持绝对的尊重是我们的本分。"

以强硬手段引入欧美管理体制的出井是一个"重情重义"的人吗? 这显然不是真正的理由。实际上,出井对于夫人的敬重正是因为当年夫人将他扶上了社长的位子。

从出井出任社长的原委就能看出他跟索尼创始者之间的关系。

1995 年,指定出井担任社长的前任社长大贺典雄曾说过:"实际上是用了排除法才选择出井君继任的。"在创始人之一的大贺看来,出井担任社长,无论如何都是"差一些火候"的。

出井是首位跟创始人没有直接关系的"职员社长"。此外，他也不是技术者出身，没有参与过划时代的产品的开发工作。除了在推进 PlayStation 中表现突出，又说得一口流利的英语之外，几乎没有太多过人之处。

那么，为什么大贺最终选择了出井呢？

因为夫人盛田良子无论如何都想把次子盛田昌夫推上社长之位。然而，昌夫本人并没有足够的威望，不具备作为社长的条件。而出井年轻时曾频繁出入盛田家，受到盛田夫妇的照顾。以夫人的推测，如果出井担任了社长，将来出于报恩的心态，也会把昌夫调教成合适的社长吧。

出井的"读解时代的能力"

不久之后，大贺就对选择出井担任社长一事表达了悔意。其原因在于出井担任社长以来，索尼再也没有推出过具有划时代意义的产品。"索尼在井深时代推出了特丽霓虹电视机（Trinitron），在盛田时代推出了随身听（Walkman），在我的时代推出了 CD 和 MD（MiniDisc）。这些都是开创新时代的产品。而在出井时代，并没有什么值得被历史记住的产品。"

在就索尼经营业绩大幅下滑一事接受记者采访时，大贺毫不掩饰地表达出对出井的不满。确实，在出井掌舵期间，索尼没有推出过可圈可点的产品，然而，这并不能说明出井的经营路线有致命的错误。

比如，对于液晶电视产业，索尼没有像夏普和松下一样花大力气在日本国内建厂，而是选择与韩国三星电子合并的路线。这一战略在当时受到经产省的强烈指责。因为在当时，三星视日本的电器企业为最大假想敌，索尼与敌人合作无可避免会落下"卖国"的话柄。可是从结果论的角度来看，索尼的做法避免了遭受夏普和松下因产能过剩而承受的"涂炭之苦"，对于公司自身来讲，是正确的选择。

"互联网是让制造业堕落的陨石"，这是出井一贯坚信的道理。因此，他一直致力于顺应互联网时代的公司改革。索尼现如今的"回头客"商业模型也是顺应这一理念而生。

重新振兴索尼的电影事业是出井的另一大功绩，这一项业务在盛田和大贺时代相当糟糕。索尼收购的哥伦比亚电影（现索尼影视娱乐）在美国人的管理下，经营状况令人担忧。出井提出，将日式管理体制导入该公司。

除此之外，为削减生产成本，出井将索尼国内工厂转制为分公司，再推进外包生产。对这一举措，虽然有反对声音指摘出井这样是在弱化日本电器企业的制造能力，然而在与韩国、中国大陆和中国台湾企业激烈的价格竞争中，这样做是有其合理性的。此后的几年中，日本的其他电器企业也逐渐在海外进行电子产品的生产，甚至委托给鸿海代为生产。

在电视机和个人计算机业务普遍不景气的环境下，面对与韩国和中国企业激烈的价格战，以及互联网的急速普及颠覆传统电器企业商业模型这两大战役，出井社长·会长一直在孤军奋战。就对时代的解读能力来看，当时的出井在日本其他电器巨头的经营者中，无疑是出类拔萃的。

索尼不为人知的历史

如果深究出井作为企业经营者不称职的地方，那应该是缺乏完整推进计划的执行能力。这与他作为索尼史上第一个"职员社长"的出身是有关的，其自身处境也相当艰难。

对于如今的索尼来说，创始人可能只是公司理念的象征。盛田家已经不再是索尼的大股东，其后人出任索尼高层的可能性也几乎为零。然而在出井出任社长的时代，创始人家族对于索尼有着举足轻重的影响。如果处理稍微不当，就会出现类似于日本出光兴产等公司所面临的"企业和创业者对立"的状况。即使出井在处理与创始人家族的关系上慎之又慎，仍不能说他走的是一条坦途。

2007 年，由出井出任委员长的日本取缔役协会（董事协会）"企业最佳管理委员会"发行了一部名为《最佳管理报告书》的研究报告。

该报告书明确了创始人和企业关系的三个阶段。在最初阶段，创业者家族具有企业的所有权和经营权；随后，公司股份公开化；最后，公司由职业经理人经营，股东则为外部投资家。报告书指出，在企业的不同阶段应该有与之相应的不同的管理方式。

在出井就任社长的 1995 年，虽然索尼已经是日本屈指可数的国际化企业，然而其管理方式还没有顺利过渡到第三阶段。在当时，盛田家族的资产管理公司仍为索尼的最大股东，而会长则由创始人之一的大贺典雄担任。那时候，大贺常乘坐公司的专用飞机奔赴世界各地；同时作为兴趣，担任东京爱乐乐团的指挥。这显然是典型的"所有者"的作风。

所以，出井所接任的索尼，在管理体制上自然承袭了这一风格。在事情的决策上，比起股东利益，更在乎创始人家族的意见；比起市场的规律，更尊重家族内部的规矩。

这一传统体制的弊端在 1989 年索尼收购美国哥伦比亚电影公司时暴露无遗。

当时，收购哥伦比亚的决定正是由盛田个人的强烈意愿而决定的。彼时的哥伦比亚的经营状况十分恶劣，可以说整个公司只剩下名门企业"最后的自尊"。而有心收服"名门企业"的盛田和大贺当时并没有掌握驯服它的能力。以致东京总部的命令无法在美国的分公司得到有效贯彻。这一事件的始末在南锡·格里芬所著的《肇事逃逸》（Hit and Run）一书中有详述。

直到 1997 年，出井推行执行董事制度（公司的执行和监督权限分离），这才令哥伦比亚电影公司"山高皇帝远"的状况得到控制。而在此前，索尼跟其他日本公司一样，采取的是董事同时掌握执行权和监督权的管理体制。在这样的体制下，缺乏对公司管理者有效的监督，由此导致决策层权力滥用。

如何处理跟东家的关系？

出井一连串改革的真正目的是废除陈旧的管理体制，从而将索尼建设成在世界上有竞争力的公司。为此，出井与反对势力进行了长久的博弈。

在新潟县妙高市，距上信越高速公路出口 15 分钟车程的地方，建有一座欧式度假村风格的酒店。在酒店背后，是一座巨大的滑雪场。然而，无论是滑雪的旺季还是淡季，滑雪场总是鲜有游客光顾。

这座 ARAI 滑雪度假村由盛田昭夫长子——盛田英夫所经营的盛田家资产管理公司投资开发，于 1993 年建成营业。

据索尼的老员工说，英夫继承了其父浪漫主义的性格，希望将该滑雪场建设成残疾人士也可以无障碍体验的度假胜地。为建设这一世界上首屈一指的滑雪度假村，该管理公司投入了 500 亿日元。然而，自开业以来，度假村的经营状况始终惨淡。

开业数年后，看不下去的索尼终于筹划向该度假村伸出援手。索尼内部计划成立"索尼体育娱乐公司"，以此作为筹集索尼及集团其他资金的中转站，再注入 ARAI 度假村。被问及此事时，出井做出了否定的回答。

"这一构想并非是索尼公司的决议，而是同情创始人家族的部分高管的个人意志。我担任社长时，曾多次与英夫达成共识。那就是，索尼无须介入盛田家的家务事。而英夫他们也认为索尼不过是盛田家 300 年的历史中偶然发展起来的一家与家族有关联的企业而已。所以，滑雪场的问题由盛田家自己解决，索尼没有义务为其负责。而英夫也从未向索尼提出过援助的要求。倒是索尼股价下跌，导致家族资产缩水，让英夫大为恼火。"

最终，成立索尼体育娱乐公司以援助滑雪场的计划没有落地。不堪运营重负的 ARAI 度假村于 2006 年停业，现在由乐天集团

（Lotte Group）接管。

此后，盛田家资产管理公司又在一级方程式赛车（F1）上损失大量资金，最后于 2005 年解散。作为公司担保金的索尼股份也不得不转让。无巧不成书，松下家族的资产管理公司松下兴产也在同一年改名清算。

向心力的问题怎么解决？

解决了创业者对公司的所有权问题，并不代表出井摆脱了作为经营者的所有困境。摆在索尼史上首位职业经理人出井面前的另一道鸿沟，就是公司向心力的问题。

作为职业经理人，想要获取公司上下的向心力是非常困难的，因为在他们身上，通常不会有创业者那种让人服从的绝对权威。

"盛田先生就是我们的英雄！"

出井在 1999 年盛田昭夫的葬礼上，切身体会到了盛田和井深等公司创始人身上那种强烈的领袖光环。有很多公司职员会为了博得他们一个笑颜而拼命工作，出井却无论如何也没有这种气场。在索尼老员工的眼里，作为职业经理人的出井无非是一名"职员社长"。

"对索尼员工来说，创始人是有其特殊地位的，而出井与我们在出身上平起平坐。即使作为社长，他跟我们也只有职务上的差别，而无地位上的差异。"

索尼内部，对这一点最深有体会的便是出井本人。这甚至成为他职业道路上的一个"缺陷"。据出井亲信的人透露，"为了弥补这一点，出井不断地推进公司体制改革并设定振奋人心的经营目标。只有这两项措施并举，才能保持公司内部的向心力。"

这是与大贺以前的经营者完全不同的经营理念。此前的经营者通过推出半导体电视、晶体管电视、随身听和 CD 等划时代的产品来激发企业内部的向心力。

大贺察觉到出井对于体制改革的执念，曾动过换帅的念头。他的第一人选是主导 PlayStation 的研发和推广的索尼电脑娱乐（现索尼互动娱乐）的社长久夛良木健。然而，虽为"后出井时代"最有力的候选人，久夛良木健还是在最终的权力斗争中失败，没能如愿担任索尼的社长。"设立美好的目标，进而为实现目标而实施改革，最终达成好的经营成果"这样的良性循环，是"职员社长"获取向心力的途径。这一循环的效果在某种程度上甚至可以与创始人的气场相匹敌。然而，当这一良性循环无以为继时，公司的向心力也将随之消失。

失重状态

在卸任索尼会长之后，出井接受记者采访时曾说道："职业经理人总习惯将自身置于市场中，被要求不断地做出短期改革，以保持公司的持续收益。而这样的经营者往往缺乏长远的战略眼光，很容易因为追求短期收益而将企业带到死亡谷中。在这一点上，我们确实应该学习创业家那种能够把控 10 年后企业发展动向的能力。可话又说回来，对于职业经营者来说，完全抛开市场讲理念也是不行的。毕竟企业是有血有肉的生物，有时也会'感冒'，而残酷的市场并不会对'感冒'的企业有任何怜悯之情。"

回忆起 2003 年 4 月的"索尼冲击"，为企业发展全力奔走的出井不无感叹。当时因不断推行改革而积累起来的领袖的气场，在股价跌落的一瞬间灰飞烟灭。

出井推出的适用于职业经理人的企业管理方式被日本国内多家企业效仿。很多企业通过导入执行役员（执行委员）制度而减少董事人数。此外，还有不少企业效仿索尼在公司内部设置报酬委员会和指名委员会。然而，一两个制度并不能完全消除老体制的影响。

在日本国内，依然存在将上市企业视为自我财产的企业家。还有的经营者虽然不是创始人，却以"中兴之祖"自居，在企业内大行独裁之实。这些人都是制约日本企业求新求变的保守势力。

可是如果将这种打着"创始人情怀"的保守势力完全打败，企业又会进入一个丧失向心力的失重状态。也就是说，企业内部没人愿意做决断，也没有人对决策的后果负责，形成完全的"雇员资本主义"。

所以出井一方面为摆脱创始人对企业的支配而大力推行改革，另一方面又告诫其后任斯特林格"对夫人绝对的尊重"。其真正原因就在于担心企业陷入这种失重的状态。如果解除了创始人的魔咒，公司的股东和外部董事又没有足够的约束力，那么职业经营者就有可能成为没有权利约束的新独裁者。为防止这一情况的发生，出井又推出了新的管理模式。

他的这一新做法正是效仿了瑞士雀巢公司和美国通用汽车的外部董事管理模式。将靠精神领袖谋求向心力的传统日式模式向世界通用的先进管理模式急转。这一思路固然是好，然而即使时至今日，以索尼为首的众多日本企业仍不能适应这一改革。索尼的后任经营者斯特林格和中钵，直至现在的平井也依然缺乏足够的向心力。莫说与井深和盛田相比，即使是比之全盛时期的出井，也大不如。

据60岁的索尼关联企业的高管称："对索尼三四十岁的员工提到盛田时代的事情，他们表现出一副完全没听说的样子。在索尼内部，能够将井深和盛田精神传扬下去的人越来越少了。"

井深和盛田那一代人的精神对索尼的影响到了出井一代就已经逐渐消减。在索尼，"后创始人时代"的失重问题时至今日依然存在。

内战状态

我们暂将话题从管理体制移开，谈一谈索尼的产品。自1995年到2005年，从索尼推出的产品来看，出井掌舵期间能清晰地分为"光明的前半段"和"黑暗的后半段"两个时期。其中，在其掌权的前几年，索尼的"PlayStation"正掀起游戏市场的新高潮，个人计算机"VAIO"的销售状态良好。

在当时，出井被推向"领袖式经营者"的神坛，被视为日本经济产业界的新一代领袖。出井本人英文流利，经常被报道在达沃斯论坛等国际会议上与各国领导人用英文激烈讨论，后来被任命为日本政府主导的IT战略会议主席，可谓步入事业巅峰，势不可挡。

然而，在出井时代，索尼也确实没有推出像特丽霓虹和随身听那样划时代的产品。这段时间内，公司内部到底发生了什么呢？据其电视机开发部门的职员回忆："在与主管董事就新型电视机的部件采购交换意见会上，为了电视机内部的电线到底用黄色还是黑色吵得不可开交。这本是顾客看不到的东西，对于生产者来说用什么颜色都可以，根本不值得一争。在终于要决定用黑色的时候，主管董事又张嘴问了一句：'三星用的电线是什么颜色？'研发人员谁也答不出，会议只好临时中止，再调整时间进行讨论。"

当初，为摆脱创始人对企业的控制，出井推出了新型的管理体制。这本身当然是没错的。然而，构建严密的组织和制度也有其副作用，那就是让企业陷入"大企业病"，企业内部没人愿意担责，决策过程十分缓慢。对于各部门管理人员来说，比起下力气研发新产品和服务，更注重在会议上的自我表现。这种企业的风气培养出了大批巧言善辩却不务实的"能吏"型干部。

出井的后任斯特林格可以说是在电视台成长起来的经营者，对于实体产品的生产并不感兴趣。所以在他眼里，造成公司大幅亏损的电子产品部门是不得不舍弃的棋子。

由此，在索尼内部，形成了主营电影、音乐等文化产业的美国索尼和硬件生产的日本索尼两派。两派之间相互猜忌，相互对峙。其中日本派为了防止被隔离出公司主体而与斯特林格进行了长期的抗争。2012 年平井就任索尼新社长之时，索尼内部各派阀间争斗正酣。

"脱离电器化"究竟能否实现?

直至 2013 年，索尼的电器业务已连续三年亏损。其中，电视机部门自 2004 年来已累积亏损达 7000 亿日元。当一项业务连续十年无法扭亏为盈，就说明这一项业务已经陷入"赤字体质"。在上任时立下壮志，要在 2014 年度实现电器业务盈利的平井社长面临"公开打脸"的危机。

被逼上绝境的平井只好在 2014 年 2 月宣布将个人计算机业务转让，并将电视机业务分离出公司本体，建立电视机分公司。除此之外，在自己上任之初裁员 10000 人的基础上，又追加裁员 5000 人。

将个人计算机和电视机业务割舍之后，索尼的电器业务只剩下智能手机 "Xperia" 和游戏机 "PlayStation" 两大支柱。这两项业务也并不景气，2013 年的总销售额尚不足 2 兆日元。

其中一个原因在于，伴随着中国智能手机生产商华为科技、中兴通讯、小米科技推出的低价智能手机的市场份额不断扩大，搭载安卓（Android）系统的智能手机的总体价格在急速下降。同样搭载安卓系统的 Xperia 的销售状况也受到这一大趋势的影响。

也就是说，无论是对于电视机、个人计算机还是智能手机而言，靠硬件赚钱的时代都已经过去了。特别是与互联网连接的计算机和智能手机业务，更需要的是构建服务平台，通过末端向消费者提供付费服务，以赚取利益。如今的消费者注重的是服务本身，而对硬件功能上的差异性不如以往关注。

我们提到的平台商的代表有：搜索引擎谷歌，电商平台的亚马逊、乐天市场，社交网络的脸书、推特等。

对于大多数用户来说，电脑和智能手机不过是连接这些平台的道具。道具只要具备基本的功能和较为顺畅的操作体验就可以。如果具备以上条件，当然是价格越低越好。对于成长于网络年代的95后人群来说，像电视这种无法连接网络的产品，即使消失了也不会有什么不方便。

由此可以看出，"脱离电器化"的发展方向，实际上就是从制造商到平台商的大转型。

成为飞利浦那样的企业

从决算结果就可以看出索尼战略转型的端倪。

2013年3月期决算结果显示，金融部门盈利1458亿日元，居所有部门首位。其次为电影部门，盈利478亿日元。第三位是设备部门，盈利 439 亿日元。第四位是音乐业务，盈利 372 亿日元。与之相对，包括电视机业务在内的家庭娱乐和音响部门亏损 843 亿日元。以智能手机为代表的移动产品和通讯部门亏损 972 亿日元。

如果果断割舍 "Bad Sony" 的电器部门，大力发展 "Good Sony" 的金融和娱乐部门，就能达到盈利 2000 亿日元的优良企业的标准。这正好与 2013 年美国对冲基金公司 Third Point 所提出的 "娱乐部门单独上市" 的思路一致。

平井的终极目标就是将索尼改造成 "日本的飞利浦"，我们曾在第二章和第三章对飞利浦进行过详细介绍。接到平井的指示之后，索尼的管理者们对飞利浦过去几十年的业务改革进行了深入的研究。

提到飞利浦，人们首先想到的是，1982 年它与索尼共同研发了 CD，1996 年又与索尼共同研发了 DVD；是世界著名的音响·影像企业。

然而，2001 年杰拉德·柯慈雷就任飞利浦总裁和执行董事会主席之后，就开始酝酿战略改革。柯慈雷本人虽是电子部门出身，但还是在 2006 年引领公司走上了 "脱电子化" 的路线。

而与之相对，在此后的 2007 年，夏普在堺建立了当时世界上规模最大、最先进的液晶显示屏工厂。松下也决定在尼崎建设最先进的等离子显示屏第五工厂。在日本企业还在坚信 "液晶和等离子显示屏才是企业的未来" 的时候，飞利浦已经果断做出脱离电子产业的决定。

对于飞利浦的这一"退缩"的举动，日本的电器企业经营者纷纷严厉指摘，称其为"电子行业竞争的落伍者"。"无论是怎样的名门企业，也不能在技术革新环节上有些许懈怠。我们要引以为戒，千万不能成为第二个飞利浦。"当时的飞利浦不仅是日本企业揶揄的对象，也成为体现自身优越感的来源。

父子两代都供职飞利浦的柯慈雷，从20世纪80年代起历任音像、设备、电子元件部门的负责人，可以说是将飞利浦推向"电子名门企业"的一大功臣。1996年，柯慈雷被外派至中国台湾三年，担任飞利浦中国台湾分公司总裁和亚太地区总经理，正是这三年的经历改变了他对企业发展方向的认知。

目睹了亚洲制造商的迅速发展，柯慈雷意识到一个事实："与亚洲企业在无差异的电子产品上打价格战是无法取胜的。"所以在就任总裁之后，他迅速对公司业务进行评估和筛选，将力量集中在有发展前景的部门。提到"选择和集中"，日本的一些经营者也并不陌生，但柯慈雷却实在地将这一方针贯彻始终。

首先，飞利浦将与LG合资的液晶显示屏业务的全部股权出让给LG。随后，将电视产品线分出，与中国台湾冠捷科技的电视机部门合并。后来，又将股权全部转让给后者。2010年，将半导体业务恩智浦半导体（NXP Semiconductors）的全部股权出让。2013年，飞利浦将公司全名由"皇家飞利浦电子"改为"皇家飞利浦"。至此，在名称和实际业务领域上，飞利浦完成了"脱电子化"的改革。

索尼做出将电视机业务分离的决定是在 2014 年。这相比飞利浦做出"脱电子化"的决定，整整晚了八年。

入股奥林巴斯

飞利浦的"选择和集中"并不是单纯的卖掉既有业务。2000 年，飞利浦收购 Optiva 的电动牙刷品牌"Sonicare"；2005 年，收购高亮度 LED 芯片生产商 Lumileds（现飞利浦照明）；2008 年，收购睡眠时无呼吸症候群治疗仪品牌伟康（Respironics）。此后，又相继购买了 CT（计算机断层成像）和 PET（正电子发射断层成像）技术。

日本的电器生产商并没有从一系列的收购中察觉到飞利浦的真实意图，纷纷揶揄飞利浦道："那个电器名门企业竟然沦落到卖牙刷的地步。"

而实际上，生产市价 20 万日元高价液晶电视却连续亏损的日本企业才应该感到难为情吧。

使用过电动牙刷的人可能深有体会，这种体验是手动牙刷所无法比拟的。一支售价 15800 日元的电动牙刷本体可以使用许多年，而牙刷的替头每两个月就需要更换。一支替头的价格约为 1000 日元。对于生产商来说，替头带来的连续收益是相当可观的。

这跟剃须刀厂商贩卖刀头、打印机公司贩卖墨盒的商业模式相同，收益远高于本体价格昂贵但一旦售出就没有后续消费的电视机和个人计算机业务。

如今，坐拥医疗、照明、生活家电三大支柱业务的飞利浦，由此摇身变成了业内罕见的高收益企业。飞利浦的信条就是集中力量发展与人们的"日常生活和健康"相关的业务。

当然，企业自豪感极强的飞利浦人并非一开始就赞同企业的这一转型。柯慈雷的后任弗朗斯·万豪敦（Frans Van Houten）被日本媒体问到"退出音像业时有没有些许留恋"时，他坦率地讲："当然，这一决定是艰难的。"

"音像业曾给公司带来过辉煌的业绩，然而我们在做出战略决定时并不能因此而优柔寡断。飞利浦的高层应该靠理性决定这一庞大公司的发展方向。"

以飞利浦为经营范例的平井，一上任就显示出入股奥林巴斯（Olympus），并以此进入医疗器械行业的决心。当时，奥林巴斯因财务不端丑闻被曝光而陷入经营危机，这对索尼来说无疑是一个绝好的时机。

索尼最初的打算是全资收购奥林巴斯，但后者的管理层成功地实施了拖延时间战略。最终，索尼用500亿日元的价格取得了奥林巴斯11.5%的股份，以双方合作建立子公司的"半吊子"结果收场。有金融界人士分析："索尼只取得11.5%股权，能够从中获取的利益是很少的，此举实际上只是帮助奥林巴斯充实了资金而已。"从后来的成果上来看，这一预言得到了很好的验证。索尼没有在这项出资中获得什么值得圈点的收益。

此外，索尼在医疗行业的决策和具体措施上存在明显的"首尾不一"的现象。明明将医疗视作下一个支柱业务，索尼却在2013年将医疗信息子公司M3的部分股权出让给德意志银行（Deutsche Bank），令自身对M3的持股份额降至49.8%。虽然这一系列举措取得了一定的财务效果，使得索尼2013年3月期的总营业收益上涨了1150亿日元。然而，有业内人士提出质疑："索尼是否真的有意进军医疗行业？"

如果索尼有意成为第二个飞利浦进军医疗行业，就应该做好人员大调整的心理准备。以过去生产"坏了修修就好"的电视机的心态是无法入主"人命关天"的医疗器械行业的。

实际上，飞利浦从生产电视机到生产电动牙刷的转型过程看似轻巧，实则是以公司多年来培养的大量医疗人才作为后盾。

2014年，在由日本放射协会举办的"2014年国际医用成像综合展览会"上，飞利浦是吸引最多来客的公司之一。记者在陈列着大量最先进的核磁共振仪器的展区向飞利浦日本公司的代表提问：
"贵公司最宝贵的财富是什么？"该负责人操着流利的日语回答：
"当然是我们的员工。"

飞利浦医疗部门共有 37000 名员工，遍布世界各地。他们与当
地的医生和医疗研究者紧密接触，耐心地讲解产品的使用方法，并
从医疗一线的专家那里搜集关于产品的各类反馈和改良意见。

从飞利浦的发展史上看，早在 100 年前他们就进入了这一行业。
自 1918 年飞利浦开发医用 X 射线管球以来，该公司即与世界各地的
医疗机构建立起良好的合作关系，深得医疗行业信任。即使曾顺应
时代的发展潮流发展半导体和音像业务，飞利浦也始终没有忽视医
疗这一支柱业务的发展。

王牌是以 PlayStation 构建的平台

如果索尼没有办法实现向医疗产业的华丽转身，那么在个人计
算机和电视机之后，索尼想要有更大的发展，就只能把自己打造成
平台商。

40 岁以上的人大概都有过属于不同年代的"索尼体验"。这可
能是买第一台特丽霓虹彩电时全家的欣喜，或是带着第一台随身听

边走边欣赏音乐时的神气，也可能是第一次手握 PlayStation 手柄时的兴奋。然而，对于现在日本 30 岁以下的年轻人来说，他们并没有太深刻的"索尼记忆"。他们的集体记忆被 iPod 和 iPhone 所替代，索尼不过是苹果之外的一个替代品而已。

　　然而，对于索尼人来说，也无须过于悲观，毕竟在全世界范围内还有数千万的 PlayStation 用户。如果索尼可以将自身发展成平台商，通过这数千万用户的网络出售网络产品和服务，那么发展前景还是十分可观的。如果能够找到与 VR（虚拟现实，Virtual Reality）和 AI（人工智能，Artificial Intelligence）技术的完美契合点，索尼就有可能摆脱制造业的魔咒，实现向世界范围内又一大平台商的华丽转身。

5 松下

呆若木鸡的巨人

继车载电池和住宅之后的目标

2017 年 3 月 15 日，横滨纲岛氢燃料站的落成仪式在横滨市港北区举行。这一座氢能源站坐落于由松下主导建成的"纲岛可持续发展智慧城市"（Tsunashiba Sustainable Smart Town，Tsunashiba SST）中。松下业务解决方案部门（Panasonic Business Solution）本部长兼东京残奥会推进本部长井户正弘在仪式上作祝贺演讲。由于此项目是国家、产业界和地方的三方联合，经济产业省、神奈川县和横滨市均派出多名要员出席。

对于松下来说，Tsunashima SST 是其继神奈川县藤泽市建造的 Fujisawa SST 之后的第二座智慧城市。

Fujisawa SST 的设计目标是在保护环境的前提下实现智慧城市内部能源的自给自足，所以 600 户建筑全部装备了太阳能发电设备和蓄电设备。

这座城市目前已经有住户入住。具体来说，即每户装备了可以控制电器的家庭用能源管理系统。这一系统不但将每户的二氧化碳排放量降至 1990 年的 30%，还能在突发情况下为住户提供三天的生活电力保障。

除松下外，参与 Fujisawa SST 项目的还有包括 NTT 东日本、东京燃气在内的 19 家企业。多家企业共同建立了智慧城管理公司，向住户提供共享汽车、医疗保健等多项服务。

同时，该管理公司提出"消灭冰箱"的生活理念，联合附近的物流公司向住户提供生鲜食品配送服务。然而，这一崭新的想法虽博得世人的眼球，但实际使用者并不多。

2018 年是松下成立 100 周年。在液晶和等离子电视业务上受到重创的松下决定抛弃原有的"B to C"（企业对消费者）商业模式。社长津贺一宏在接受采访时表示："即使是物联网（Internet of Things，IoT）时代，松下也不愿再做企业对消费者的生意。"

计划从"电视机厂商"向"B to B"（企业对企业）模式华丽转型的松下把目标锁定在建设智慧城市项目上。然而这一计划并没有实现预期的效果。其原因在于该项目的可操作性并不强，SST 项目被外界人士打趣成"秀才的异想天开"。

而且，松下股东们的态度也与世间的评价一致。

在 2016 年 6 月召开的松下股东大会上，社长津贺连任董事的支持率仅为 66.7%，比上一次表决降低了 20%。对于松下这样的大企业，其大股东多为大型企业或经济团体，一般来说获得 90% 以上的支持率是理所应当的。三分之一的股东投出反对票可以说是异常状态，由此可见津贺正逐渐失去股东们的信任。

从决算上来看，松下 2016 年 3 月期的总销售额为 7 兆 5537 亿日元，比上年下降 2%。营业利益 4157 亿日元，增长 8%。纯收益为 1932 亿日元，上涨 8%。从部门业绩来看，白色家电的销售业绩依旧良好。而且连年亏损的黑色家电电视机也时隔 8 年，实现了盈利。乍一看，松下的销售业绩明明稳步上升，股东们为什么还对津贺表示出那么大的不满呢？那是因为，股东们看出了这一系列的业绩增长是连续的业务重组带来的，而并不是公司创造了什么新的价值。

2017 年 3 月期决算的预估结果显示，公司总销售额为 7 兆 6000 亿日元，与上年几乎持平。然而预估纯收益仅为 1450 亿日元，比上年下降 25%。在股东看来，津贺在年度初期就发布"减收"的计划，实则是一种对公司经营状况不看好的表现。虽然津贺一再强调"是为了公司的成长投资而削减收益"，可松下的股价仍从一年前约每股 1700 日元，跌破每股 1000 日元大关。

在三个月前，松下刚刚发布"比起销售额，应该更注重收益"的经营方针。随后，又改变口径，宣布"在 2019 年 3 月总销售额突破 10 亿日元大关"的新目标。在短时间内打出自相矛盾的"手牌"，应该是三分之一的大股东对津贺连任表示担忧的重要原因。

5 松下　呆若木鸡的巨人

再进一步就是"10 兆日元企业"了

"总销售额 10 兆日元",这对于绝大多数企业来说,都是望尘莫及的数字。而对松下而言,达到这一数值绝非难事。早在 2007 年,松下电器产业一家的总销售额就达到了 9 兆 1081 亿日元。如果当年的等离子电视、数码相机、手机和空调的销售状况良好,离 10 兆这个数字只有一步之遥。

然而,雷曼冲击之后,作为企业命脉的等离子电视的销售一度趋于停滞,白色家电的销售也陷入空前的低迷。当时的松下,宛如一条在大海中苦苦挣扎、遍体鳞伤的橡皮筏。

在松下改名"Panasonic"(在后文中统一用中文名称"松下")之后,这种艰难的状况依旧没有改观。2011 年 4 月,松下斥资 8199 亿日元全资收购三洋电机和松下电工,通过合并和重组的方式扩大了公司规模。

2010 年 3 月决算结果显示:三洋电机的总销售额为 1 兆 5900 亿日元,松下电工的总销售额为 1 兆 4500 亿日元。由此推算,如果将两家公司整体吞并,松下的规模应该扩大 3 兆日元左右。松下本体虽然受到雷曼冲击,规模由原本的 9 兆日元缩减到 7 兆 4000 亿日元，但加上三洋电机和松下电工的 3 兆日元，仍可以冲击总营业额 10 兆日元的目标。业界人士对此都深信不疑。

然而，实际上合并后的松下 2013 年 3 月决算的结果显示，其总销售额仅为 7 兆 3000 亿日元。如果单纯相加雷曼冲击之前三家企业的总销售额，应该是 13 兆日元的规模，而此次合并之后，其总体销售规模削减了 5 兆 7000 亿日元。

当时决定收购三洋电机和松下电工的是时任松下会长的中村邦夫，业界和媒体对中村的决断大为赞赏，此举被称为"日本电器行业史上最大的重组"。

然而，现实并没有鼓吹得那么华丽。2012 年 3 月决算结果显示，公司年度亏损 7721 亿日元。不但总销售额下降 10%，受三洋电机的影响，公司总资产损失 7671 亿日元。此后，2013 年 3 月决算又显示出 7542 亿日元的亏损额。两年间亏损达 1 兆 5000 亿日元以上。当时业界纷纷议论："松下是不是要垮了？"

收购三洋电机和松下电工，本来应该是"1 + 1 + 1 = 3"的欢喜局面，可现实中松下交出的成绩单却是"1 + 1 + 1 = 2"。作为这一收购的决策者，中村当然对这一失败心知肚明。然而，需要讨论的是，如果没有进行这一重组，松下的现状会不会更坏。

如果在 2013 年 3 月期的总销售额中减去三洋电机和松下电工的 3 兆日元，松下本体的总营业额仅为 4 兆 3000 亿日元。然而现实中，对于这一数字的计算复杂得多。换句话说，事实上如果没有三洋电机和松下电工作为缓冲垫，松下很可能有破产的危险。因为松下压根就没有准备好在等离子电视业务失败后的替代方案。

豚鼠没了之后该怎么办？

松下曾以 VHS（Vedio Home System）制式的家庭录像机打败索尼。这本是一件好事，然而在赢得这场战役之后，松下就再也没有设立新的目标。这可以算作松下史上最大的决策失误。

"我们松下在东京有一座巨大的研究所啊！"

对于松下的研究开发，其创始人松下幸之助总是这样略带戏谑地回答。他所说的"松下东京研究所"实际上指的是索尼。在研发上，索尼总是积极进取，跑在其他企业的最前端，所以在业界被称为"奋进的豚鼠"。豚鼠的代表还有紧随其后但规模较小的夏普、三洋电机和日本胜利公司（Japan Victor，JVC）。这几家企业因为规模劣势而无力与其他大企业正面碰撞，所以长期以来在产品研发上求新求变，开辟了一块新的生存空间。

与之相对，靠体量取胜的松下密切关注"豚鼠"们的动向。当它们做出市场前景好的产品时，松下就会立即效仿，并通过大工厂批量生产和强大的销售网抢占市场份额。跟松下相似的企业还有日立制作所和东芝。他们几家的做法基本代表了日本电器产业的基本运作模式。

在家用录像机领域，索尼推出的β制式和 JVC 推出的 VHS 制式曾展开了激烈的竞争。松下幸之助在充分分析了双方的优势和劣势之后，最终选择了画质上略差但是录像时间长且轻便的 VHS 制式。松下的加入使得竞争的天平倒向 VHS 制式，使其最终成为家用录像机的行业标准。而松下电器也因为这一"后出的石头剪刀布"获得了巨大利益。

在液晶电视机业务上，松下紧盯夏普的"AQUOS"开拓市场的全过程，随后推出与之相似的"VIERA"，一举获得巨大市场份额，成为与夏普和索尼比肩的轻薄型液晶电视业界的巨头。

不幸的是，在液晶电视之后，索尼和夏普再也没有推出什么划时代的产品。成为一流企业的索尼和夏普也被过去成功的经验桎梏，失去了挑战新领域的动力。这对于紧随其后的松下来说，是巨大的噩耗。因为没有了"奋进的豚鼠"开拓新领域，一贯以模仿获利的松下也巧妇难为无米之炊了。

隶属于电力家族和电电家族的日立和东芝还可以通过东京电力和 NTT 的"喂奶"勉强支撑，而不属于任何一方的松下只能眼睁睁地看着自己衰落下去。

几乎在同时，发源于美国的互联网掀起了世界电器行业的战略大转型。然而，松下这一电器巨头却并没有做出及时响应，而是十年如一日地生产与互联网无关的电视机和录像机。这无疑离市场的需求越来越远。

松下电器的人事斗争

"这样下去的话松下就要垮了！"

这是中村邦夫 2000 年就任松下社长后向外界发出的第一条讯息，饱含担忧。有着长期驻美经验，能站在外围客观观察松下的中村，在执掌松下之后，做出了一系列大刀阔斧的改革。

他曾坚定地表示："除了创业者的理念之外，公司里没有什么是不可以改变的。"

就在这一发言后不久，中村就废止了松下幸之助推行的"事业部制度"①，裁撤了大量人员。另外一项大手笔的改革就是收购了三洋电机和松下电工。

在松下史上，中村算得上最有决断力和执行力的经营者。然而，

---

① 公司根据产品品类设置相应的事业部。各事业部作为独立核算的个体，拥有独立的工厂和办事处，对产品研发、生产、销售和收支的全过程负责。——译者注

即便这样，他也无力推动松下这艘遍体鳞伤的巨舰，因为松下的旧疾早已深入骨髓。

回顾松下的历史，这一顽疾早在第四代社长谷井昭雄时代（1986—1993 年）就已种下。

创始人的权威到第三代社长山下俊彦为止还是有效的。而到了谷井时代，权力的分歧出现了。其中一派的领袖是主张将松下幸之助的外孙松下正幸扶上位的时任会长（曾任第二代社长）松下正治。另一派的领袖则是主张求新求变的新社长谷井昭雄。双方在如何处理与创始人家族的关系一事上展开了激烈的人事斗争。

一旦一方掌权，就会全盘否定另一方的路线。正是频繁的政权更迭和方针转变，使得松下电器迷失了发展方向。

在谷井掌权的 1990 年，松下曾以 61 亿美元（约 7900 亿日元）的价格收购美国媒体巨头 MCA 公司，后者因为拥有环球影业（Universal Pictures）而被世界知晓。松下这一举措可谓紧随索尼收购哥伦比亚电影公司步伐，迈入世界电影行业。

当时谷井的经营理念与索尼的方针一致，意图走"硬件和软件结合"的道路，将松下从白色家电企业转变成偏重软件的综合企业。然而，当时的谷井并没有索尼的盛田昭夫和大贺典雄的执念。被收购之后，哥伦比亚电影公司曾连续十年亏损，即便这样索尼也没有放弃这一巨大的"食金虫"。反观松下，由于不懂如何经营电影公司，反被 MCA 的管理层"大敲竹杠"，损失惨重。即使谷井想凭借 MCA 的巨额"软件"资产谋求公司战略上的转变，也依旧无法以一己之力压倒公司内部"MCA 失败论"的声音。

压垮谷井的最后一根稻草是 1991 年被曝光的"国家租赁公司事件"（National Lease）。在此事件中，大阪高级料理店"惠川"女老板尾上缝曾向多家企业和金融机关诈骗高额贷款，使得多家企业受损。其中，日本兴业银行因此一蹶不振，被迫与富士银行、第一劝业银行合并。松下旗下对外租赁灯具、电梯和电视机的子公司也曾向尾上缝提供 805 亿日元无担保贷款，此事件于当年被公之于世。

为了平息此次事件对松下的影响，以及承担冰箱技术缺陷事件的责任，谷井在社长任上的第七年引咎辞职。继任者森下洋一是谷井反对派松下正治会长的亲信。

否定前任路线的恶果

遵从会长之意，森下社长全面否定了前任谷井的路线。不仅否决了 MCA 在日本建立主题公园的提案，而且以"松下电器的主业是制造业"为由，用 57 亿美元（约 4800 亿日元）的价格将 MCA 卖给西格拉姆公司（Seagram）。自此，谷井时代所勾勒的进军音乐和电影行业的构想彻底成为泡影。值得一提的是，卖给西格集团的 MCA 几经易名，后来在日本建设了著名的环球影城日本主题公园（Universal Studio Japan，USJ）。

现如今，早已是通过网络提供音乐和视频服务的时代。顺应这一潮流的 USJ 也成为与东京迪士尼乐园比肩的著名主题公园。从这一结果来看，当年谷井的设想无疑是正确的。然而，因为公司高层的人事斗争，松下电器又倒退回了电器生产商。撤下"软件与硬件融合"大旗的森下打出的替代战略是大力发展晶体管电视机业务。

但是，松下电器的平面晶体管电视技术大幅落后于索尼。为了在"家电之王"电视机领域站稳脚跟，松下在研发上投入了大力气。然而，在研发人员纷纷提议发展等离子电视的情况下，销售出身的森下依旧执着于眼下销售状况良好的晶体管电视。

松下正治和森下洋一的领导体系就这样持续了七年之久。

在松下电器决定卖掉 MCA 的 1995 年，美国微软公司推出了"Windows 95"操作系统，由此推动了模拟信号时代向数字时代、互联网时代的转型。在这一时代大背景之下，松下电器逆流而动，将业务重心转移回传统的电视机和白色家电业务。这场因权力斗争引发的"业务返祖"被视为松下丧失创新精神，开始缓慢沉没的开端。

5 松下　呆若木鸡的巨人

"1 英寸 1 万日元"的幻象

2000 年，森下卸任社长，其后任不是松下幸之助的外孙松下正幸，而是前文提到的中村邦夫。此前，公司上下对正幸的能力已有公论，认为他无论如何也没有能力领导拥有 33 万员工的松下电器。作为会长的松下正治最终放弃将其硬扶上马。

至此，松下电器结束了十年之久的人士斗争。在中村接手之时，公司已是积贫积弱。过去一向以稳健著称，甚至被称为"松下银行"的公司财务因收购 MCA 失败而大受影响。公司内组织僵硬，长期没有推出热卖的产品，对于网络时代的到来也完全没有准备。

对松下电器未来抱有极强危机感的中村只好采用分化重组的方式，企图让企业振作起来。然而，这一举措不光削减了经费，也令企业的体量大幅缩小。中村为寻找新的业务增长点颇费心力，最后将宝压在了等离子显示屏业务上。

为什么要选择等离子呢？当时夏普和韩国三星电子在液晶显示屏技术上已先发制人，而等离子技术尚无大企业问津。

当时轻薄型电视机技术的发展方向尚不明朗，有力的候补有液

189

晶技术、等离子技术，以及有机 EL（有机发光层）技术和 SED（表面传导电子发射）技术。

液晶技术画面虽然精密，却很难做出 40 寸以上的大画幅。与之相对，等离子技术适合做出大画幅屏幕，耗电量和制作成本却相对较高。松下电器权衡再三，决定发展等离子技术。其尼崎第三工厂在 2005 年投入生产。

当时，日本电器生产商的策略是先在日本国内推出新产品，如果销售状况良好再逐渐扩大产量，向海外销售。而中村则认为，这样"畏首畏尾"的做法无法在世界市场竞争中占得先机，所以决定将新产品直接向世界市场大批投放。

在此战略的引导下，松下电器不断提高等离子显示屏的产能。其尼崎第四工厂、第五工厂相继于 2007 年和 2009 年建成投产。截至 2009 年，松下电器在等离子显示屏业务的总投入超过了 4000 亿日元。当时等离子显示屏的月产量超过 28 万块。

中村不断扩大产能的目的是将等离子电视的价格压低至"1 英寸 1 万日元"。当时，30 英寸的轻薄型电视机的零售价格是 40 万日元。40 英寸的电视机的零售价格则为 50 万日元以上。松下电器希望通过大批量生产将成本降低，以 30 万日元的价格销售 40 英寸的等离子电视，一举占领市场。

然而，轻薄型电视机的销售价格以每年 30% 的速度急降，其下降幅度远超中村的预想。松下电器40英寸的等离子电视的零售价也跌破30万日元。由于等离子显示屏的成本无法继续压低，所以没法成为轻薄型电视机的主流。而随着液晶技术的不断发展，大屏幕的生产成为可能，因此全面超越等离子技术，成为绝对的主流。

兔死狐烹

松下电器在等离子电视机业务上的失败还有一个重要原因，那就是过早地将竞争对手赶尽杀绝。如前文所述，日本大多数电器企业都选择了发展液晶电视技术，"等离子派"屈指可数。而在这仅有的企业中，松下电器的技术最为突出，而且在价格上也有绝对的优势。这样一来，规模较小、竞争优势较弱的同行（比如，先锋电子：Pioneer）的等离子电视机业务就被松下电器挤垮。

从消费者心理来看，等离子电视虽然在画质上有优势，但仅此一家的现状不免令消费过程缺少选择的乐趣。因而，众多消费者倾向于选择性更多的液晶电视。此外，从零件和耗材供应商的角度来看，即便投入大量精力和资金研发等离子电视的相关部件，最终的买家也只有松下电器一家。如果松下电器放弃等离子电视业务的话，供应商在这些耗材研发和生产上的投入就都打了水漂。供应商的这种"鸡蛋不能放在一个篮子里"的考虑也算是情有可原。

作为社长，中村也意识到赌上公司命运的电视机业务即将失败，所以拼命找寻带领公司脱困的良策，最终决定收购三洋电机和松下电工。值得一提的是，三洋电机的创始人是松下幸之助的妻弟，跟松下电器可谓是同根同源，而松下电工更是松下电器的兄弟企业。

当然，针对这一收购也有批判的声音。批评者认为，这一举措是为了掩盖松下电器在电视机业务上失败后的颓势。然而，从中村的角度来看，"日本的电器企业过多"也是不争的事实，中村有心做出榜样，重整电器行业的格局。

确实，日本的电器行业存在着过度竞争的现象。有人将日本电器企业在电视机业务上的失败归咎于亚洲新型企业的崛起，这一点与事实不符。至少从日本国内的销售情况来看，韩国和中国台湾企业生产的电视机并未占到显著的市场份额。即使在夏普和松下经营业绩惨淡的 2012 年以后，韩国和中国台湾产电视机在日本国内的份额也仅占 5%。

为什么在国外势力没有侵入日本市场的情况下，电器卖场的电视机价格还以每年 30% 速率下落呢？

这是因为在倡导"制造业回归"的大背景下，日本电器企业在国内大量建厂，导致电视机产能过剩。于是，在山田电机等电器卖场的挑唆下，生产商之间展开了"自杀式"的价格竞争。

　　这场由夏普和松下引发的恶性价格竞争很快引来东芝和日立应战，最终结果是电视机行业内产量增加收益却在减少。东芝和日立由于得到东京电力和 NTT 的"喂奶"，还勉强可以支撑。即使在连年亏损的情况下，为保住综合电器厂商的面子，依旧保留电视机和个人计算机业务。

　　而对于没有国家"喂奶"的独立电器企业，松下、夏普和索尼却吃尽苦头，不得不用在海外市场的收益来填补国内市场的损失。

　　这场耗费大量研发费用和设备投资的轻薄型电视机价格战持续了数年，可谓是行业内整体的自杀性行为。而电器界其他业务的情况也与电视机类似。为了保住在山田电机等大型电器卖场的展位，各生产商相继降价，早已没有利润空间。

　　遏止这一场恶性价格竞争的有效手段，是通过重组来减少生产商的数量。坚信这一点的中村率先在松下集团内部进行了改造和重组。在 2002 年至 2003 年，松下电器先后以股权置换的方式将上市子公司松下通信工业、九州松下电器、松下寿电子工业、松下精工，非上市企业松下电送系统公司等 5 家公司转换为全资子公司。

节约型社长的失策

2008 年，就任会长的中村将公司名由松下电器改为"Panasonic"
（以下统称为松下）。次年，新松下踌躇满志，决议收购三洋电机和松
下电工。

首先，松下以 TOB（Takeover Bid，要约收购，又称"买断合并"）
方式向两家公司所有持股人发出股份的收购要约，将两家公司变为
附属子公司。为此，松下共花费 9000 亿日元。随后将两家公司变成
全资子公司，又追加了 5200 亿日元。

此次收购的最终目标是获取三洋电机的充电电池业务和松下电
工的住宅设备业务。三洋电机在鼎盛时期，曾是拥有十万员工的巨
型公司。然而被编入松下旗下之后，公司上下仅剩 9000 名员工。其
洗衣机和电冰箱业务被中国的海尔集团收购，半导体业务也卖给了
美国安森美半导体（ON Semiconductor）。

算上"暖帘费"和裁员产生的特别费用，松下在此次收购上背
负了巨额损失。虽然代价不小，但毕竟在日本电器行业又少了一名
竞争者。

接下来的问题是，体量变小了之后，要往哪个方向跳呢？松下

的决策层并没有想好下一步。中村的继任者大坪文雄社长只好打出节约的底牌——公司上下展开了从金属外壳到集成电路再到树脂材料的节约运动。然而在互联网时代，在电视机和录像机这种高度集成的产品都已经落后于时代的局面下，根本没有办法在节约原材料上找到公司振兴的突破口。

在松下大手笔收购三洋电机等公司的时候，竞争对手美国苹果公司的 iPhone 已经在世界范围内形成爆炸式畅销。电器企业从电视机转向智能手机已是大势所趋。此时，松下的发展战略已经大幅落后于时代。

"自来水哲学"已不再适用

节约型社长大坪的"节约制造成本，大批量低价生产电视机"战略是松下创始人松下幸之助"自来水哲学"的延长线。他在自传中这样写道："经营的所谓最高境界，就是放任自流。就像自来水一样。……天然水经过加工，注入自来水管中才产生价值。而且即使有人通过水管大量盗用，自来水的价格也不会因此降低。这是为什么呢？是因为水资源的储量过于庞大，可谓取之不尽用之不竭。……我们产品生产者，就要推崇这种自来水哲学，不断扩大产能，将原本稀缺高价的产品转化丰富又廉价的产品。由此，彻底消除贫苦，以及物质匮乏带来的所有问题。"（节选自《我的行为方式和思维方式》）

对于当时饱受物质贫瘠之苦的日本人来说，松下幸之助的自来水哲学无疑是一个强大的精神支柱。由此，从洗衣机到轻薄型电视机，日本电器企业一贯秉承这种扩大产能、降低成本的生产方式。

在那个时代成长起来的大坪社长深受自来水哲学的影响，他坚信电视机会成为继钢铁和半导体之后，日本企业向海外出口的主流产品。

然而，在雷曼冲击之后，发展中国家取代发达国家成为世界经济的引擎。原本由发达国家向发展中国家出口电器的经济模型已不再适用。可是日本企业无法在短期内停止"大规模生产，廉价出口"的生产模式。加上现代人的消费观也从"大量消费"转换成"环境保护"。经济环境和消费观念的转变使得自来水哲学不再适应于时代。

原本正确的"Think GAIA"

讽刺的是，被松下收购的三洋电机原本提前放弃了自来水哲学。

2005 年 11 月，三洋电机开始发售充电电池"Eneloop"。此前的充电电池，在放置一定时间后就会自然放电。而三洋的这款产品充满电后，即便放置一年仍可保有 85% 的电量，被称为"拆封即用的充电电池"。这款可以重复充电超过 1000 次的充电电池颠覆了人们对电池的认知。

以此产品为契机，三洋电机打出了"还未来的孩子一个美丽的地球"的"Think GAIA"运动。该运动的主导人就是后来就任三洋电机会长的野中知世。

野中的就任遭到许多业内人士揶揄，"这个女记者怎么能担任大企业的会长？""一定是创始人找来的挡箭牌。"然而，从消费者的角度来看，在野中掌舵期间，三洋电机推出了很多热卖的产品。继 Eneloop 充电电池之后，臭氧洗衣机大受欢迎。此后推出的以大米为原料的大米面包机，受到小麦过敏的消费者的喜爱。

现如今，充电电池作为智能手机和电动汽车的重要部分，受到业界高度重视。虽说作为企业掌舵人的野中可能缺乏使企业振兴的能力，然而她倡导的"环保型企业"的发展方向无疑是没错的。

与之相对，松下在充电电池业务上出手要晚得多。这是因为在松下幸之助时代创立的一次性干电池还在不断地创造薄利。

松下幸之助所主导的是生产廉价收音机，再通过持续销售干电池获利的商业模型。这与销售剃须刀刀片和打印机墨盒的商业模型类似，是自来水哲学的代表商品。

Eneloop 的出现证明了松下幸之助所提倡的自来水哲学已落后于时代。制造像水一样用之不竭的产品，就得为此不断地消耗大量的资源，产生大量的垃圾。照此推理，人类的生活越富足，给环境造成的压力就越大。这一点与可持续发展的理念背道而驰。

考虑到可持续发展，就要废弃"大量生产，薄利多销"的自来水哲学。为了将公司转型成环保型公司，松下电器动了吞并三洋电机的念头。

然而，即使新松下成立之后，原本的松下电器依旧抱有"我们是本家，三洋是入赘"的强烈自尊。所以，让松下抛弃自来水哲学，采取三洋的"Thing GAIA"战略是完全不可能的。正是这种奇怪的自尊作祟，松下近乎强迫地消除了新公司内所有三洋的痕迹。

公司先后停止生产和销售三洋电机的主打产品：大米面包机和电饭煲。这些产品原本销售状况良好，从无滞销。

将三洋电机和松下电工收为全资子公司后，大坪在接受某杂志采访时说道："原本三家公司互相尊重、互相独立的经营体制是阻碍企业发展的硬伤，严重落后于时代。"松下全资收购两家公司之后，随即宣布废止"Sanyo""National"和"Nais"等品牌。原本三洋电机的员工因被强行剥夺品牌而愤然离开松下。自 2012 年就任松下社长的津贺一宏也从未在公开场合提过"三社融合"这一话题。

取代轻薄型电视机的新产品是什么？

接下来，我们来预测和展望一下松下今后的发展方向。

津贺曾宣布，电视机之后，松下两个最大的成长业务是车载电池和智能住宅。其中，车载电池是原三洋电机的核心技术，而智能住宅是原松下电工的主打产业。也就是说，有可能决定未来松下命运的支柱业务都非本家松下电器的"嫡出"。

从目前来看，最有可能成为松下核心业务的是车载电池。2016年7月，美国特斯拉公司为在内华达州建设的锂电池工厂"千兆工厂"（Gigafactory）举行了动工仪式。

该工厂是目前世界上最大规模的锂电池工厂，预计在2020年达到最大产能。届时，该工厂一年的锂电池产量将超过2013年全世界锂电池的总产量。该工厂的总建设投资为50亿美元（约5000亿日元），其中松下出资20亿美元（约2000亿日元）。

在这一工厂生产的锂电池将装配在特斯拉2017款普及型电动汽车"Model 3"上。由于实现了锂电池的大批量生产，Model 3型号的汽车的制造成本也大幅下降，销售指导价定为35000美元（约350万日元），仅相当于Model X车型售价的一半。

在美国，各州对零排放汽车（Zero Emission Vehicle，ZEV）的补助力度正逐渐增大。这将使得原本偏向于混合动力汽车（Hybrid Vehicle，HV）的政策天平发生倾斜，对 HV 汽车发放的补助金可能会面临减额甚至废止。

丰田的混合动力汽车"普锐斯"（Prius）曾一度是好莱坞明星等环保人士的首选座驾。如今，这一环保型汽车的殊荣逐渐被特斯拉夺去。Model 3 如果在获取政府补助金之后，能将价格下调至普锐斯之下，就有可能强力攻占后者市场，甚至将其完全驱赶出美国市场。这就相当于没收了丰田"装美元的保险箱"。如今，Model 3 的预约已超过 37 万台，特斯拉已在这一车型上收取了约 400 亿日元的预约金。

对于松下来说，与特斯拉联手无疑会带来巨大商机。仅向特斯拉的电动汽车提供车载电池一项，就能带来每年数千亿日元的销售额。因此，松下决议扩大向车载电池领域的投资。预计在 2018 年将车载电池销售额从 2015 年的 1800 亿日元提高到 4000 亿日元。

人才流出

提到锂电池技术，在世界范围内并非松下一家独大。韩国的 LG

电子、三星电子在技术上与松下高下难分。此外，中国大陆和中国台湾企业的技术也正逐渐追赶上来。

与半导体和液晶显示屏领域的情况相似，车载电池领域也存在着大量人才外流的现象。2013 年 10 月，曾任松下车载电池开发据点（兵库县加西工厂）技术总监的能间俊之宣布离职。能间是三洋电机的老骨干，在车载电池技术领域久负盛名，与日本丰田汽车、德国大众汽车、美国通用汽车及特斯拉汽车等公司都保持着良好的关系。

能间离职之后，没有人知道他的行踪。据说之前一直住在兵库的家中，之后突然消失。其三洋电机的旧友称，能间很有可能被三星电子挖走。像能间这样的原三洋电机技术骨干，后来离开松下的人还有 10 多名。

目前世界上最大规模的锂电池生产商三星 SDI 为了进军车载电池领域，已决定与同属三星集团的电子元件材料生产商第一毛织合并。值得补充的是，三星 SDI 是宝马（BMW）公司旗下电动汽车"BMWi 3"的唯一电池供应商。预计 2020 年总营业额为 2 兆 8000 亿日元，是 2013 年的三倍。

这样不断挖走松下研发专家的公司，必将成为未来松下在车载电池领域的最强劲竞争对手。

成长为英特尔还是沦落为夏普?

在我撰写此书的 2017 年春，特斯拉的 CEO 公开表示："我们没有考虑过在 Model 3 型电动汽车内搭载松下以外的其他厂家的车载电池"。然而，招标选择合适的供应商是商场中的惯例，谁也无法保证松下不会被取代。

如果从生产完成品转变为生产零部件，就能从 B to C 的激烈竞争中解脱出来，转型成 B to B 的商业模式。但这一转变也必将使得企业的产品缺乏多样性。作为供应商，如果可以同时为多家企业提供关键部件，那就能在领域内有很大的话语权。然而，如果只向一家特定的企业提供可被替代的部件，那将丧失定价权，从而处处受制于采购方。

此前提到的为苹果提供液晶显示屏的夏普，就是一个失败的典型。苹果销售状况良好的时候，根据苹果需要大量建厂增产；当苹果销售状态低迷减少订单时，夏普就被带入困境。夏普在很长一段时间都处于"盈亏完全取决于苹果"的被动状态中。

松下和特斯拉的关系也存在这样的隐患。对于松下来说，必须做出的决定是效仿英特尔，成为垄断业内关键部件的供应商；还是成为第二个夏普，命运完全由采购方把持？

化作泡影的智慧城市计划

本有望成为松下另一成长支柱的是前文所提到的智能住宅业务。被认为这一领域代表作的是位于神奈川县藤泽市的藤泽生态智能城（Fujisawa SST）。这一项目获得国土交通省"住宅建筑二氧化碳先导项目"和"二氧化碳低排放对策项目"两项资助，无论如何都应该成为智能住宅领域的优等生。然而，自建成以来，实际的反响并没有多强烈。其根本原因在于这条路本身就很难走。早在20年前，就有经营者尝试过类似的计划，那就是时任三洋电机会长的井植敏。

1992年，三洋电机联合三井住友金融集团、和歌山县地方银行纪阳银行共同出资成立三洋纪泉开发公司。三家企业通过该公司购买老字号商社伊藤万在和歌山县50万平方米的土地，建造了包括独栋和高层公寓在内的能够容纳一千户人家的小区。

小区选址临近关西国际机场，坐落在朝南的缓坡上，十分适合设置太阳电池板。井植当时的想法是在小区所有住宅内铺太阳能电池板，再辅以风力发电，建造没有电线杆和高压输电线的街道。虽然，这还算不上真正意义的生态智慧城市，但其初衷与藤泽生态智慧城是一致的。可惜的是，该项目在泡沫经济崩坏后的 2000 年中止，三洋电机也被迫放弃 150 亿日元的股权。

如今，谁也无法保证松下的藤泽生态智慧城会不会重蹈三洋电机当年的覆辙。

重组的下一步是什么？

如上文所述，车载电池和智能住宅能否成为松下真正的支柱还未可知。不过以现阶段的情况来看，松下上下还没有哪项业务可以超过上述两项。

在本章的开头，我们介绍了津贺社长还在下大力气进行企业的并购和重组。2014 年，松下以 1650 亿日元的价格将旗下的松下健康生活公司整体卖给美国 KKR 投资公司。大约在同一时期，又将旗下的子公司松下物流全股权出让。此外，位于汐留的东京分公司大楼也被转让出去。松下从等离子电视机、智能手机、移动电话电路主板等业务撤退之后，又寻求以色列的公司向其半导体业务注资。

杀伐决断的津贺此举无非是想快速斩落松下的"赘肉"。这样削减公司的整体开销，毕竟在账面上能有积极的反映。然而接下来的问题是如何从重组模式转入成长模式。

在音像设备区分度不高的今天，曾经以电视机和录像机为主打产品的松下将何去何从？电视广告里常出现的松下电吹风应该不可能是它的下一个主打产品吧？

如果当初松下全力进军互联网产业，花大力气在 IoT 领域，那么收购英国半导体设计公司 ARM 的就应该不是软银了吧？

话说回来，在并购重组上已显疲态的松下是没有实力一下子拿出 3.3 兆日元收购 ARM 的。因此，ARM 落入软银囊中，媒体巨头时代华纳也被并入美国通信公司 AT&T。互联网时代的到来促使世界各大公司纷纷转型，以谋求生存甚至更大的发展。而以松下为代表的大部分日本企业还没有做好迎接的准备，只能在大变革的浪潮中愕然伫立。

6 日立制作所

精英山野武士的弱点

过分坚信"技术立社"，忽视消费者需求

公司总市值仅为巅峰时期的 2/3

在 20 世纪 80 年代，日立制作所被称为"GNP（国民生产总值）公司"。

日立有着一百多年的历史，产品小到电池、洗衣机，大到大型计算机、核电站，几乎覆盖了电器企业的所有业务领域。

在 1960—1970 年代日本经济高速成长期，日立业绩的增长和日本国民生产总值的增长呈高度正相关。也就是说，国民生产总值上涨几个百分点，日立的总销售额也几乎上涨相同的百分点。相反，如果国家经济陷入低迷，日立的销售状况也跟着低迷。当然，这一高相关性是有其深层原因的。

借助一定的手段，政府能对国家经济的整体发展状况有所控制：经济不景气时，就背地里催促东京电力和电电公社增加基础设备的投资力度；而当这两家公司的经营状况不佳时，就通过提高电费和电话费将危机转嫁给国民；如果想促进国内消费，就指使两家公司在来年的春斗时给员工涨工资。在泡沫经济崩坏之前，这一政党、政府和企业之间的"铁三角"有效地操控着日本经济的总体走势。而作为"电电"和"电力"两大公社的"制造部门"，日立销售业绩的涨落自然与日本国民生产总值的走势一致。

在泡沫经济到达顶点的 1989 年，日本国内股价和地价都爆炸式增长，金融业和服务业被推到神坛。与之相对，制造业被称为"3K（日文中，辛苦、肮脏、危险的首字母）企业"，不受年轻人喜爱。

从 1989 年上市公司股票总市值排名中，就可以看出端倪。排在第一位的是刚刚实现民营化的 NTT，随后是日本兴业银行、住友银行、富士银行等金融机关。制造业的老大丰田汽车当时的总市值是 7 兆 7086 亿日元，仅仅排在第 8 位。当时的制造业中排名第二的就是 GNP 企业日立，总市值为 4 兆 6418 亿日元。

27 年后的 2016 年末，丰田汽车的股票总市值跃升至第一位，达到 22 兆 4428 亿日元，是 25 年前的三倍。而 2017 年 3 月日立的股票总市值为 2 兆 9100 亿日元，跌破 3 兆大关，比 1989 年的市值较少 1 兆 7318 亿日元，相当于缩水 37%。

即使这样，比之同年总市值仅为 1 兆 200 亿日元的东芝，日立还是被划在"胜者组"中。可如果认真斟酌，在 25 年时间里市值缩水近 4 成的公司还可以被认为是胜利者，这种评价方式未免荒唐。

当然，如果只是与决算造假的东芝、一直在衰退的 NEC 和仅有液晶一项支柱业务的夏普相比，日立的业绩确实也算是"不坏"了。

日立在 2016 年 3 月期决算的总销售额为 10 兆 343 亿日元。自 2009 年以来，时隔七年重回 10 兆大关，最终盈利为 1721 亿日元。如果跟 2009 年 3 月决算时 7873 亿日元的亏损相比，自然可以称为"复活"。可是，1.7% 的销售利润率并不是一个健全的公司应有的成绩。对于自 2009 年开始裁员 3 万人（当时 36 万员工）的公司来说，"勉强及格"才是贴切的评价。

关东的山野武士集团

1910 年（明治四十三年），日立制作所的前身是一家小小的矿山机械修理厂，靠为久原矿业所下辖的日立矿山修理矿山机械起家。1920 年作为股份有限公司独立，建立日立制作所，主要从事发电站的建设业务。随后，业务扩大到船舶、电力机车、电风扇和电梯等领域。

作为与东芝和三菱重工齐名的重型电器三巨头之一，日立在 1974 年建成了隶属于中国（指日本中国地区，包括冈山、广岛、岛根、鸟取、山口等五县）电力公司的日本第一家核电站——岛根核电站。除此之外，日立的电信业务跟 NEC 和富士通齐名，在电电家族中也占有重要的一席。其业务涉及通信器材、个人计算机和半导体等领域。

归属于"两大家族"的日立，在电力领域仅次于"东电正妻"的东芝；在电信领域，仅次于 NTT "长子"和"次子"的 NEC 和富士通。同时，在白色家电、半导体、电视机、个人计算机领域也投入了很大力气。然而遗憾的是，在上述领域中，日立没有一项拔得头筹。

然而，即使在身份上没有上述几家公司名正言顺，日立仍靠着坚强的意志成长为日本电器行业最主流的企业之一。总部设在茨城县日立市的日立制作所与设在爱知县丰田市的丰田汽车一样，是远离京城的"山野武士"。在这一点上是与掌握日本财界大权的东芝完全不同。

也许正是因为"山野武士"的出身，远离永田町和霞关（日本国会和政府机关的所在地），日立才没有像东芝和 NEC 一样受到日本政界和财界的过度保护，从而在困境中得以自立。在 2009 年 3 月期交出亏损 7873 亿日元的历史最差答卷之后，日立走上了一条靠自身之力摆脱困境的改革之路。

当然，也有另一种解释。有评论家认为"GNP 企业"日立的巨额亏损代表着日本综合电器整体的命数已尽。曾经在电力和电电两大家族丰厚的订单下盲目扩张的综合电器企业，就好像是拿着家长的零花钱胡来的孩子，不计后果地将钱砸向半导体、个人计算机和液晶显示屏等领域，这是日本电器行业失败的症结所在。作为两大家族"三儿子"的日立，眼睁睁看着东芝和 NEC 等兄长将家产败尽，才不得不痛定思痛，闯出一条独立的道路。这一点从二战后日立的发展史就可以看出。

成为日立社长的三个条件

为了超越兄长们，日立率先在大型计算机的研发上投入大量精力。

1964 年，日立生产出日本历史上首台自主研发的大型计算机，"HITAC 5020"。随后，富士通、NEC、东芝、三菱电机、冲电气工业纷纷进入这个领域，构成了日本国内计算机领域六家鼎立的格局。然而，当时日本公司的技术跟计算机鼻祖 IBM 相比，简直是云泥之别。在通产省高关税的保护下，日本本土企业得以艰难生存。可是，这种贸易保护主义并没有持续多久。

1972 年，在美国提出的计算机进口自由化的要求下，通产省决定让六家计算机企业两两组队，并给予相应的补贴支援其分别发展，以提高日本计算机企业的市场竞争力。当时，日立和富士通组队，专攻 IBM 制式交换机的研发和生产。NEC 和东芝组队，与 IBM 的竞争对手美国霍尼韦尔（Honeywell）合作。三菱电机和冲电气合作，走上了"纯国产"计算机的研发之路。当年日立和富士通联合研发的"M 系列"交换机甚至威胁到了 IBM 原产交换机的市场地位。

然而，这种两两合作的体制在 10 年后的 1982 年遭到美国的猛烈攻击。FBI 先诱导日立和三菱电机盗取 IBM 的商业机密，其后两家公司员工被抓到现行。这就是著名的"IBM 商业间谍事件"。

该案在 1983 年以认罪协商的方式解决。当年，IBM 与日本企业缔结软件等价交换协定。而在此后的 1984 年，IBM 再次向富士通提起违反协定的诉讼，直至 1988 年双方达成和解①。

时任日立社长的三田盛茂决心摆脱这种受制于人的局面，有志将日立打造成能够与世界级公司抗衡的企业。如果一直蜷缩在东京电力和 NTT 的身后，那将永远无法闯出一片天地。日立为了实现这一目标，将大量的人力和财力注入半导体和 DRAM 业务中。

可是受到 IBM 商业间谍事件的影响，日立整体士气大为动摇，经营战略也从攻击转为防守。在三田之后的金井务时代，赶上泡沫经济的崩坏，公司不得不采取全面紧缩的策略保存实力。

---

① 随后，双方又因其中某一技术细节的使用权开启了新一轮纷争，直至 1997 年完全达成和解。——译者注

在三田和金井进行日立内部改革的同时，日本国内综合电器企业的生存环境也发生了巨大的变化。1985年，日本国内实现通信市场自由化。1990年，众多企业加入电信市场。由此，电话费的价格战争正式打响。受其影响，NTT的设备投资大幅减少。

1995年，电力市场也实现自由化。原本的十家电力公司和新进公司展开了激烈的电费价格战。加之苏联切尔诺贝利核泄漏事件之后，在日本新建核电站变得愈发艰难。所以以东京电力为首的老牌电力集团的设备投资大幅削减。如果还蜷缩在对NTT和东京电力的依赖体制里，无疑会将公司带入深渊。1999年，庄山悦彦临危受命，就任日立社长。

当时，把跟电力公司的关系视作重中之重的日立，在选择社长的时候，有三个条件：东京大学工学院毕业、重型电器领域出身、曾任日立工厂厂长。而东京工业大学毕业、家电领域出身、没有做过日立工厂厂长的庄山一个条件都不具备。可是在当时的情况下，继续依赖NTT和东京电力显然不会带给日立一个光明的未来。决意背水一战的日立启用了这个"旁支人才"。

收购硬盘业务惨遭失败

庄山和日立以往的社长不同，是一个"耳根软"的人。如果别人说："男人也要注重外在"，他听了会换上粉色衬衫。受到股东意见的左右，庄山坚定地把经营的中心放在股本回报率（Return on Equity，ROE）上。

可是，受到三田和金井时代失败经营的影响，公司几乎没有什么可以带来利益（R）的新业务，那么为了提高ROE，就只好缩小作为分母的股本（E），也就是通过分化重组来缩小公司规模。

其开端是1999年，日立将半导体存储器业务（DRAM）与NEC的同类业务合并，组建"NEC日立存储器公司"（后易名为尔必达存储器，现名日本美光存储器：Micron），以脱手负债严重的DRAM业务。

2002年，新设立子公司"日立产业系统"，将工业机械业务从本体分离。2003年，将半导体逻辑器件业务分出，与三菱电机共同出资，建立了瑞萨科技公司（此后与NEC的逻辑半导体业务合并，改名瑞萨电子）。至此，日立几乎退出了半导体领域。

2004年，日立将与卡西欧合办的手机业务转交给后者管理。2007年，将小型马达业务转让给日本电产。

这样的庄山在业界的风评并不差，被称为"最听取证券分析师意见"的开明社长。媒体也积极塑造其"改革派"的形象。可是，仅仅割舍掉不盈利的业务并不能给公司带来真正意义上的成长。

为了实现从重型电器向IT业的转型，2003年庄山决定下大手笔收购美国IBM的硬盘业务。在互联网普及的时代，个人计算机的使用量和信息的存储需求暴增，那么作为存储装置的硬盘的需求也应该是急速增长的。

日立出资20亿5000万美元（约2000亿日元）收购这一业务，又先后投入2000亿日元用于设备投资和业务重组，可效果并没有想象得那么乐观。日立在硬盘业务上始终不见回报，不得不在2012年将该业务脱手。

据日立相关者称："对硬盘业务失去兴趣的IBM得知日立的收购意向之后，早在几年前就停止了设备投资。这使得IBM的硬盘业务无论在技术上还是设备上，都大幅落后于同类企业。IBM正是看出了庄山'强化IT业务'和'推进国际化'的急切心情，才有意做高了价格。"

在收购之后，日立用了9年时间力图重建硬盘这一业务。如果以亏损的状况出手，根本不会有买家问津。如果以过低的价格出让，又会给公司带来损失。在这种骑虎难下的情境下，日立只好再次投入巨额资金对其进行整顿和更新。终于耗尽了心力，于2012年将该业务转让给美国西部数据公司（Western Digital）。

竞争对手比消费者更重要

在庄山时代，日立另一项倾注大量人力和财力的产品是轻薄型

6 日立制作所　精英山野武士的弱点

电视机"Wooo"。为了与夏普的液晶电视"AQUOS"和松下的等离子电视"VIERA"两大王牌抗衡，日立同时进行了这两种类型电视机的研发，并设立了独自的工厂，大批量生产。

2007 年末，日立生产出超越竞争对手夏普的 35 毫米超薄型液晶电视机。2009 年又生产出 35 毫米型超薄等离子电视机。可惜的是，夏普最终推出了 34.4 毫米的液晶电视机。Wooo 以 0.6 毫米之差痛失"世界上最薄"的称号。此外，海外品牌的电视机以价格优势席卷世界市场，日立的电视机业务陷入难境。

当时，在日本厂家看来，好的电视机的概念就是"机体更薄，画面更清晰"。夏普、松下、东芝、日立和三菱电机等企业都把目光放在竞争对手身上，研发会议上讨论的重心也是"A 公司又推出更薄的机型了"，而忽视了消费者需求。

而当年日本企业席卷世界市场取得巨大成功的要诀之一，就是认真地考虑消费者需求，日立曾经也是这样的企业。

1960 年代后半段，彩色电视机开始在世界范围内普及。当时日立推出的"Kido color"电子管电视机风靡一时。因为采用高灰度的荧光材料，电视机的成像效果更好。

当时，率先生产晶体管电视的厂家也有日立。原先采用真空管成像的电视机接入电源后，需要等待数十秒才能显示画面。而采用晶体管成像的电视节按下开关就能迅速成像。"砰"的一声按下电源，画面就"啪"的一声呈现在观众面前。日本人因此给这一新型电视机起了一个爱称叫"砰啪"。

在轻薄型电视机时代，日立的技术也是领先的。日立率先实现了宽屏高对比度的"IPS"（In-Plane Switching，平面转换）型液晶电视的商品化。在等离子电视机的研发上，日立同样走在同行的前面。其自主研发的"Alice"型超清画质等离子电视机大受日本国内市场追捧，直到 2005 年都是日本国内销量第一的机型。

可是，2009 年 3 月决算，日立公布了 7873 亿日元的巨额亏损，其中拖了公司后腿的就有引以为傲的电视机业务。雷曼冲击之后，高级电视机在世界范围内的销售状态惨淡，产品大量积压。这一失败的根源在于日立所秉承的"只要产品的参数高就一定卖得好"的傲慢思想。

技术至上的陷阱

在创业者小平浪平的领导下，日立于 1910 年生产出首个日本国产的马达。此后，日立的马达和空气压缩机受到业界用户的广泛信赖。使用日立生产的部件的白色家电素来以"质量过关、不易损坏"著称，是"日本制造"的代表之一。

可是，不知从何时开始，这种对技术的"自信"转变成了盲目的"自负"，导致公司陷入了"只要是高技术的产品就会热卖"的"技术至上"陷阱。原本，商家以营利为目的，评价一项产品成功与否的标准应该是市场而非技术指标。可是，作为员工中博士占比日本第一的日立至今也没有想明白这个道理。面对失败，"我们的技术是领先的，只是销售不给力"已经成为日立员工的标准说辞，甚至可以说是维护自尊心的唯一途径。对于企业来说，这种掩耳盗铃的思维万不可取。

由于销售状况不好，原本最大产能为年产240万块42寸等离子电视屏幕的宫崎工厂，在2008年的实际生产量仅为65台。最后不得不于2009年转让给昭和壳牌太阳能公司（Syouwa Shell Solar；现为太阳能先驱公司：Solar Frontier）。

此后，日本产业革新机构出资2000亿日元建立日本显示器公司，将日本国内各电器企业的液晶显示器业务重组。Wooo于2015年正式停产。由此，日立正式退出电视机领域。这与当年日立从半导体产业撤退的情形如出一辙。

在此，我们不得不再次强调，对于企业来说，不能固守"高质量产品就一定卖得好"的偏执思想，而要紧跟市场，尊重消费者的需求，接受"卖得好的产品才是成功的产品"的道理。

我们以扫地机器人的例子进行说明。这一产品的鼻祖是美国创业企业iRobot推出的"Roomba"。Roomba采取圆盘形的设计，可以自行躲避障碍物在房间内往复前行，吸收地板上的灰尘和垃圾。

在日立等日本家电企业看来，Roomba 无非就是没有使用价值的玩具，绝不会成功。结果，这一产品刚开始在日本发售，就引发购买热潮。

这时，日本电器企业才意识到自己的失算，赶忙追随 iRobot，生产扫地机器人。其中，松下推出的是三角形的"RULO"，其三角形的设计更便于清理房间的角落。而日立推出的圆形扫地机器人"小丸"跟 Roomba 类似，只是体积更小。日立称如此设计是便于"小丸"在狭小的空间中运转。其实，这无非是错误估计市场之后匆忙想出的权宜之计罢了。

在日本电器企业眼里，白色家电领域早已饱和，没有太多的创新空间，只要几十年如一日地做下去就好。可是 iRobot 的 Roomba、英国戴森（Dyson）的无叶电风扇、韩国厂商推出的"紫外线被褥清洁器"等创新产品却引发了世界范围内的热卖。这无疑给了日本这些有实力建造核电站的综合电器企业一记响亮的耳光。多年以来，它们的确疏忽了对市场的调研和对创新产品的研发。

日立的"歉收时代"

在庄山领导的七年中，日立累计亏损额超过 2000 亿日元。一般情况下，公司出让业务和削减人员后，因为固定支出的减少，会带来经营业绩的 V 字形回升。与庄山同时期的日产汽车社长卡洛斯·戈恩（Calors Ghosn），几乎与庄山在同一时期推进大刀阔斧的兼并重组，力度之大甚至在业界被称为"戈恩冲击"。重组之后，日产汽车的经营利润大幅提升。同样是七年时间，戈恩交出了累计纯利润 2 兆 3000 亿日元的成绩单。这就是进行有长远眼光的恰当重组和不切实际的盲目重组的区别。

通常情况下，日立的社长的任期为十年。可是几乎所有决策都失败的庄山不得不在第七个年头（2006 年）引咎辞职。如果是欧美企业，为了追究 CEO 的经营责任，一般会由董事会做出解聘的决定。然而在日立，董事会并没有发挥其该有的机能。庄山在主动提出请辞之后，还指定了古川一夫作为继任社长，自己则升格为会长。

庄山之所以选择古川，出于两点考虑。第一是因为古川是信息通信部门出身，庄山长久以来的努力就是为了将日立的业务重心从重型电器上转移。第二是因为古川性格顺从，作为会长的庄山还可以通过古川继续推行自身的政令，实质上做公司的"太上皇"。这一错误的人事安排，将日立推向了更深的困境。

在古川就任社长两个月后的 2006 年 6 月 15 日，隶属中部电力的浜冈核电站（静冈县御前崎市）的 5 号发电机组紧急制动。其原因在于由日立生产的涡轮机组的螺旋桨叶片断裂。

浜冈核电站当天紧急联系到日立。然而在 4 月刚刚就任社长的古川毫无此类事故的处理经验。这与如今医疗器械部门出身的东芝社长纲川智处理核事故的情形类似。

核电站的发电原理是通过核反应炉内沸腾的高温高压的水蒸气推动涡轮机组的螺旋桨，在高速旋转的情况下将动能转化成电力。螺旋桨的半径越大，发电效率就越高。新型的 5 号机组为了提高发电效率，选用了尺寸更大的螺旋桨。事后，经过超级计算机分析，断裂的原因在于高速旋转下的金属疲劳。而在当时，日立未能如此迅速查明原因。就在公司上下因拿不出解决方案而焦头烂额之际，隶属北陆电力的志贺核电站（石川县志贺町）由日立设计的 2 号发电机组也发现了同样的隐患。

古川就任社长以后的第一项重要工作，就是几乎整日奔波于公司内部的解决会议和向电力公司道歉的差旅中。然而，事关核电安全，电力公司在解决方案的催促和责任的追究上毫不让步。日立公司内部核电部门的技术人员也因为古川外行的身份，对其多加敷衍，称这是不可控的意外事故，己方不应承担责任。夹在两方中间的古川被此事件折腾得精疲力竭。据他自己回忆，那段时间只要看见旋转的东西，就以为是涡轮发电机。

事故最终被定性为是由于日立的设计失误造成的。日立必须全额支付浜冈和志贺两座核电站两台发电机组的修理费用，共计300亿日元以上。这一项额外的支出在2007年3月的决算中被记为特别损失。

庄山和古川担任社长的十年可以说是日立"歉收的十年"。电力市场自由化以来，东京电力等电力公司的设备投资骤减，这直接影响了日立的重型电器部门的效益。于是，公司不得不在半导体、个人计算机、液晶显示屏等与IT相关的业务上寻求补偿。可是，以重型电器发家的日立早已习惯了"以不变应万变"的发展思想，一时间很难适应需要迅速做出决断的IT领域。

因此，家电业出身、善于跟股市打交道的庄山应运出任社长。他在顺应市场需求大力投资发展等离子电视机和硬盘业务上的努力确实可圈可点，然而，个别部门的大胆尝试并没能撼动日立整体"笨重"的文化。最终受这一思想所累，接连亏损。

继任者古川实际是在庄山的"傀儡"，上任以来就被核电站事故绑住手脚，无暇顾及其他业务。几乎没有尽到公司最高执行者的义务。

2009年3月期决算，日立交出7873亿日元的史上最差的成绩。这实际上是二人执掌经营权以来的第四次亏损，累计亏损额已高达1兆日元。可以说，"连年歉收"的日立也走到了沉没的边缘。

"撤下综合电器企业的招牌"

2009 年 3 月，日立做出重大的人事调整。庄山从会长转任董事会议长；古川也卸下社长的职务，转任副会长。由日立旗下制造电池和工业机械的分公司（Hitachi Plant Techonology，Hitachi Maxell）的会长川村隆接任会长兼社长。古川任社长未满三年，已身心俱疲，无法再担重任。

川村的职业生涯十分传奇，他早些年被调任分公司出任会长，而这在日本的职场中，被视作"束之高阁，不再重用"的象征。所以，从分公司被重新调回母公司出任集团公司会长这一举措，实属罕见中的罕见。媒体对这一出乎常理的人事任命表现出了十足的兴趣。一时间，类似于"川村是谁?""日立真的后继无人了吗"的报道不绝于耳。

我们在此对川村的职业经历做一下分析。其本人是日立纯正的保守派代表，满足日立社长的三大原则，即"东京大学工学院毕业""重型电器部门出身"且"曾任日立工厂厂长"。与庄山的前任金井务，以及更早的社长三田胜茂有着相同的经历。

正是这位保守派川村的临危受命，让原本传言要被美国企业收购的日立起死回生。为此，川村指挥公司脱困的胆识和魄力是值得业界称颂和学习的。然而，从企业的发展方向来说，川村路线无非是使企业又一次"返祖"。在众多新型业务接连失败之后，日立不得不将业务中心重新聚拢回社会基础设施领域。这一策略与放弃半导体和个人计算机后，将业务收缩回通信设备的 NEC 类似。

"撤下综合电器企业的招牌。"

这是川村的宣言。在此之后，日立大量削减庄山时代扶植起来的新业务，其中自然有急速衰退的家电部门。

此外，日立集团还迅速将日立万胜（Hitachi Maxell）等五家上市子公司收为全资子公司。这一战略与松下电器收购三洋电机和松下电工类似。如果单看日立主体，其主要客户仅仅局限在电力、通信和天然气领域，而合并后的日立业务扩展到汽车和 IT 领域。日立采取的战略是将子公司开拓的业务整体吞并，以扩充自身的业务范围。

当然，合并之后要对重复的部门进行整理和重组。在被庄山问到是否愿意就任社长的时候，川村表示希望能够兼任会长和社长，以绝对权力打压阻碍改革的势力。

一般来说，日立子公司的会长和高管多由原母公司的管理人员担任。如果将子公司吞并，势必会遭到这些人的反对。而如果是 69 岁的会长兼社长川村出面，就能以"合并与否关乎企业存亡"的理由说服这些后辈。

　　川村在一年之内就将兼并和重组的事情搞得初具眉目，决定于
2010 年将社长的位子让给中西宏明。中西接任社长之后将庄山时代
非盈利的业务相继处理掉，其中包括从 IBM 收购的硬盘业务和原有
的液晶显示屏业务。这一举措取得了显著的效果。2011 年 3 月决
算，盈利额刷新历史。作为这场改革的最高指挥者，川村被指定于
2017 年 6 月就任东京电力会长。

　　可是从根本上说，这一场雷厉风行的改革也无非是一场治标不
治本的"止血"。因为，这并不能阻止公司继续衰落的趋势，就像
不断扔下燃料瓶的热气球，虽然在一时间减轻了重量而上升，却无
法从根本上解决燃料殆尽之后的下坠。这一点，中西心知肚明。

日立和三菱重工合并的可能性

　　2011 年 8 月 4 日，《日本经济新闻》（朝刊）头版最上方打出了
《日立·三菱重工或将于 2013 年合并成立新公司：世界瞩目的巨头
联合——今日即将宣布》的巨幅标题。

　　如果这两家代表日本重工业的公司合并成功，那将组建成总营
业额 13 兆日元的制造业巨舰。而实际上，这一报道的内容并没有变
成事实。在《日本经济新闻》发表文章的当天，两家公司立即就此

报道发表否认的声明。直到此书成稿的 2017 年，两家公司仍没有合并。

然而，日经作为最权威的财经类报刊之一，应该不会无中生有。至少日立方面确实在积极促成这一合并。

因为福岛第一核电站的事故，电力公司背负了高达 7.9 兆日元的巨额赔偿责任。由于这一事故，原子能发电的安全神话也被打破。在日本国内几乎不会再有建设新核电站的可能，现有的核电站也不知何年何月可以恢复生产。对日立来说，由一家公司维持整个日本的原子能发电业务实在是负担过重。在此情况之下，日立会长川村和社长中西最先尝试促成三家涉足原子能发电业务的企业（日立、东芝、三菱重工）的合并。

对于日立来说，其现有的各项主要业务的前景并不乐观。首先，在全球都在减少二氧化碳排放的大环境下，其火力发电业务已经没有成长空间。其次，在软银和 KDDI 的激烈竞争下，NTT 增加设备投资的可能性也微乎其微。最后，白色家电行业更是没有复活的可能。

如果依靠东电和 NTT 的道路行不通，就必须开拓海外市场。在这一点上，日立能拿得出手的只有铁路业务，所以只有做出与三菱重工合并的大胆设想。

在《日本经济新闻》报道出"与三菱重工合并"的消息之时，日立已经提出了"通过合并之路打造日本首屈一指的基础设施企业，在国家的支持下投身世界电力和通信市场"的构想。

然而，当时的三菱重工还没有这种危机感。虽然会长佃和夫和社长大宫英明出于对十年后的公司命运的考量接受了日立的提案，可是只关注眼前面子的三菱重工的"老领导"们提出了强烈的反对意见。其中曾任社长的相川贤太郎和西冈乔以"难道想让三菱这闪闪发亮的钻石消失吗"为口号强力阻止公司的经营合并——这也是事实的真相。

也许，两家公司的高层还没有放弃合并的努力。2014 年，日立和三菱重工就火力发电设备业务一项达成合作共识。新公司由出资65% 的三菱重工掌握主导权。有相关者认为，日立做出这一让步的真正目的是为将来两家公司整体经营合并作长远打算。

2016 年，日立、东芝、三菱重工三家公司关于原子能发电设备业务的合并也提上议程。但因为核电三社之一的东芝正处于存亡的关键时期，所以当时并非合并的最佳时期。就此，众多专家提出了"先进行原子能发电燃料业务的整合，之后再谋求设备业务上的整体合并"的设想。此外，关于日立有意出卖其白色家电子公司的传言也不绝于耳。

当日立本体割舍掉火力和原子能发电、白色家电业务之后，其赖以生存的核心业务还剩下什么？这一 GNP 公司对于未来的迷惘，也象征了日本经济的整体不安。

7 三菱电机

其实是 "结构改革" 的优等生?

"且退且战" 和 "不断前行" 的经营力

日本国内纯收益排名第一的电器企业

在整体走向衰落的日本电器行业中，到底哪家企业还在坚实地盈利呢？答案既不是经过大刀阔斧的"川村改革"，将负债资产全面清理的日立制作所；也不是经过"津贺改革"，将业务重心集中在车载电池和智能住宅的松下；而是三菱电机。

我们在此回顾一下除去金融和电力行业，2016 年 3 月期日本企业的年度纯利润排名。

排在首位的是创造了 2 兆 3126 亿日元利润的丰田汽车。这一数字相较于其他上榜企业有着压倒性的领先优势。排在第二位的是NTT（7377 亿日元）。第三位是 NTT DoCoMo（5483 亿日元）。即使第二位和第三位的盈利额相加，也不及丰田汽车的一半。可以说，当今的日本产业界是"丰田独大"的局面。

此外，排在第四位的是日产汽车（5238 亿日元）；第五位是
KDDI（4944 亿日元）；第六位是软银（4741 亿日元）；第七位是富士
重工业（现名斯巴鲁汽车，4366 亿日元）。前七名全被汽车和通信企业
占据。第八位是日本邮政（4259 亿日元）；第九位是本田汽车（3445
亿日元）；第十位和第十一位分别是 JR 东海（日本铁路东海公司，3374
亿日元）和 JR 东日本（2453 亿日元）。前十位中没有一家电器巨头入
围。从这一排名可以大致看出日本电器行业整体凋零的现状。

电器行业中排名最高的是"最不起眼"的三菱电机，排在第十
四位。2016 年 3 月期的纯利润额为 2284 亿日元。此外，松下以
1932 亿日元的纯利润排在第十七位。日立制作所则以 1721 亿日元
排在第二十位。

另外值得一提的是，在当期决算亏损最多的企业排名中，东芝
以亏损 4600 亿日元排在榜首。第二位是受到原油价格冲击的原油化
工企业 JX（2785 亿日元）。第三位是夏普（2559 亿日元）。第六位是
东芝 TEC（1054 亿日元）。这些数据也从另一个侧面证明了电器行业
的衰颓。

三菱电机当期总决算的纯利润与前期相比下降了 3%。这是由
重型电器系统的销售状况恶化造成的。在重型电器营业收益下降近
30% 的情况下，三菱电机还能保持较高的纯利润，得益于其在北美
和欧洲市场上汽车相关电器产品销售额的增长。

“逃跑即胜利”的战略

三菱电机的优秀之处用一句话就可以概括，那就是通过结构改革割舍掉没有发展前途的业务，将人力、物力、财力集中在有前景的业务上。这本是毋庸置疑的经营方针，可除三菱电机之外的电器巨头们却都没有做到这看似简单的一点。

三菱电机是整个行业最先意识到“逃跑”的重要性的。早在2002年，三菱电机就将半导体系统LSI业务转让给瑞萨科技（现瑞萨电子），后又将DRAM业务转让给尔必达存储器。做出“逃跑即胜利”决策的是当年4月就任社长的野间口有。

野间之后的下村节宏在2008年决定撤出手机市场，紧接着又放弃了洗衣机业务。从半导体到洗衣机，三菱电机先后放弃了总销售额超过6000亿日元的业务。此后，又相继将在美国的背投电视机、投影仪、液晶显示器和铜合金业务转让出去。

这种从需要巨额开发和设备投资资金、被视为“红海”的手机和半导体业务中撤出，整合资源投身于被视作“蓝海”的工业自动化系统和升降机领域的做法，无疑是正确的。这使得三菱电机从2003年3月期到2007年3月期销售额连续五年增长。由于企业的财务状况良好，雷曼冲击造成的影响也被最大限度地抵消了。

三菱集团中属于电力家族主流的是另一家公司三菱重工。虽说三菱电机的业务也涉及电力系统，但其重型电机的销售额仅占到总额的25%。同时，虽然三菱电机也涉足通信器材领域，但与NEC、富士通和日立制作所相比规模要小得多。所以根本无法算作电电家族的一员。

三菱电机是以1921年创立的三菱造船所（现三菱重工）的电机部门为主体发展起来的。在三菱集团中，三菱电机跟三菱汽车一样被视作"庶子"，即使勉强跻身于电力家族，也身处末席。所以一直居安思危，在市场竞争中寻求生机。

原本对于企业来说，这种"生存本能"是必须的。然而，日本综合电器企业长久以来大多受到东京电力和NTT的庇护，逐渐丧失了这种本能。

支撑韩国和中国台湾企业的技术

三菱电机一方面从竞争激烈的电子产品领域撤出，一方面努力发展其优势业务工业自动化系统。2016年3月决算数据显示，三菱电机约3000亿日元的总营业利润中有约1600亿日元源于该业务。

如今，三菱电机与德国西门子和美国罗克韦尔（Rockwell）共同掌控了控制器和通信网络的行业标准，可以说是名副其实的工业自动化系统三巨头。

可编程控制器通过开关和感应器执行逻辑运算、顺序控制、定时、计数与算术等操作指令，并通过数字或模拟的输入/输出接口，控制各种类型的机械或生产过程，是自动化工厂不可或缺的设备。虽然日本综合电器企业在半导体和液晶显示器领域输给韩国和中国台湾的竞争对手，但支撑对手自动化生产的控制器技术却是三菱提供的。三菱此项产品占到日本国内市场份额的近六成。而且，可编程控制器这一产品的名称也源于三菱。

此外，三菱的放电加工机和激光加工机在日本国内的市场份额也分别居于第一位和第二位。作为加工机最核心的数值控制装置的市场份额也居于业内前列。日本国内在这项业务上能与三菱抗衡的只有放电加工机厂商沙迪克（Sodick）和激光加工机厂商天田株式会社（Amada）。而这两家公司都是机械厂商，而非电器企业。

在工业自动化领域之外，三菱电机也生产面向欧洲市场的空调和面对中国空调厂商的功率半导体。这两项业务也为公司带来了可观的利润。

没有天赋异禀，只有坚持不懈

三菱电机一直以来都不被业界看好，被认为是平庸而不会有大成就的企业。但就是这样的企业 2016 年末的净现金储备为 2144 亿日元，达到史上第二高点。

2015 年 12 月，三菱电机曾以 900 亿日元收购意大利商用空调厂商 DeLclima（现 MELCO Hydronics & IT Cooling），净现金储备降至 1200 亿日元。而在短短 9 个月之内，净现金储备又回升至高点。

对于三菱电机来说，这是史上最大规模的收购。其有息资产负债率一直在 10% 以下，是财务状况健全的一大标志。虽然现金充足这一点容易被投资基金盯上，然而，作为没有电电家族和电力家族支持的企业，三菱电机想要参与到国际市场的竞争中，就必须有充足的资金作为保障。

可是，7% 的营业利率在电器企业中算是可观，但与营业利率高达 30% 以上的机械企业相比仍是不可同日而语。所以，如果三菱电机不在研究开发、设备投资和收购重组上有效地使用手中现金的话，难免会被认为是经营上的不作为。

另外，一直以来带来巨大利润的中国工业自动化市场是否有持续的增长空间也难以预知。过去十年，由于中国市场的快速成长，公司的总营业额的海外比重终于从 31% 增长到 42.6%。然而，在未来几年，这一数额有可能停滞不前。出于对企业的未来发展考虑，当务之急应该是开辟中国以外的海外市场。可是三菱电机却并没有实质性的行动。也许这种"万事不着急"的态度就是三菱电机的社风。

"我没有天赋异禀，只是坚持不懈"。

2006 年 4 月就任社长的下村节宏借用著名雕刻家北村西望的名句向公司员工强调坚实努力的重要性。在此后的十年，东芝和夏普在电器行业的红海中绝望地苦战，三菱电机却低调地发展了起来。

现任社长栅山正树在 2014 年提出"2020 年实现总营业额破 5 兆日元，营业利率攀升至 8% 的目标"。2015 年 3 月期，三菱电机时隔七年创造了历史最高营业收益。

2017 年 1 月 13 日，三菱电机的总股价达到 3 兆 5000 亿日元，超过了 3 兆 1000 亿日元的日立制作所和 2 兆 9000 亿日元的松下，排在 4 兆 4000 亿日元的索尼之后，位居行业第二。低调的三菱电机能不知不觉地取得电器行业收益第一，总股价第二的好成绩，可以说是不懈努力的结果。

生存必需的手段

集中力量发展"能赢"的业务并不是三菱电机的独创。欧洲的电器巨头们早已践行了这一策略。

1980 年代，在半导体的 DRAM 业务上败给日本同行的德国西门子在 1999 年将半导体业务分出。随后，于 2005 年将手机终端业务卖出；2007 年又将通信器材业务割离；将精力集中在铁道和医疗企业等业务上。2011 年，又做出重大决定，从原子能发电领域撤退。

从家电和原子能发电领域的红海撤退的西门子将资金投在了几大蓝海领域。

其中之一是医疗器械。2018 年，预计市场规模达到 50 兆日元的世界医疗器械市场被西门子、飞利浦和通用医疗牢牢把持。在工业自动化上，西门子也与三菱电机和罗克韦尔一道跻身前三。

据 2016 年 9 月的决算数据显示，西门子当年纯利润为 55 亿 8400 万欧元（约为 6420 亿日元）。这一数字高出日本电器巨头第二名到第四名（三菱电机、松下和日立制作所）三家纯利润的总和。从这些数据可以看出西门子是"选择和集中"的典范。

西门子最近在积极促成医疗健康业务的单独上市，以求从市场中获取更多的资本，进行更大规模的投资。可见，其有望改变医疗器械三足鼎立的局面，成为该领域的唯一领跑者。同样涉足医疗事业的东芝跟西门子的情况完全不同。对于东芝来说，医疗器械领域的收益全部用来填补原子能发电带来的损失，几乎失去了进一步发展的可能。在此，更可以看出两家公司高层的经营能力的差别。

与西门子相似，飞利浦也于2006年和2008年相继放弃半导体、手机终端和液晶显示屏业务。将精力全部倾注在医疗器械和照明领域，如今还计划将照明业务与主体分离。

在2011年前占据世界手机市场份额首位的诺基亚也于2014年将手机终端业务转让给美国微软公司。此后，于2016年收购法美合资的阿尔卡特朗讯公司，成为世界最大的通信基础设施公司。

与日本其他电器企业相比，三菱电机避开恶性的消耗战，将资源集中在工业自动化领域的做法是明智的。然而在世界范围内，这一做法再普遍不过。相反，是盲目乐观冲入红海的东芝和夏普的做法有悖企业经营的常理。

日本综合电器企业中，唯一一个践行了"普遍"的经营战略的三菱电机最终转型成了机械厂商。这无疑也意味着日本综合电器企业的集体衰亡。

8 富士通

计算机枭雄今非昔比

丧失进取的意志，沉沦在既得利益之中

有人预测，人类科技爆发式进步的技术奇点（指在很短时间内，人类的技术将会发生极大甚至接近于无限的进步）已经不远。这一进步的动力来自以大数据为基础的云计算、人工智能和物联网技术。这些技术正被快速应用到人们的日常生活中，其代表产品就有机器人、无人机和自动驾驶。

美国的谷歌、亚马逊、脸书等互联网公司，IBM、微软等IT巨头，以及无数的创业公司正以空前的热情投入到这个新领域中。以美国硅谷为中心，这股最新的技术革新大潮甚至比计算机革命更加迅猛。

而日本的IT和互联网企业面临的最大问题是没有企业可以跟得上美国的脚步。几乎没有一家日本企业在跟谷歌竞争。乐天和日本亚马逊勉强守住日本市场已然捉襟见肘，根本没有力量争夺海外市场的主导权。

在互联网普及之前的1990年代，日本的计算机厂商拥有能与美国企业分庭抗礼的力量，尤其是走在计算机领域最前端的富士通，在发展上紧盯美国 IBM，大有与之一战之力。

计算机天才

　　说起富士通的历史就不得不提到一个被称为"计算机天才"的工程师，他就是池田敏雄。池田毕业于东京工业大学，二战结束后第二年（1946 年）加入富士通的前身富士通信机制造公司。当时的日本正处于盟军占领状态，盟军最高司令部为使政令推行得更顺畅而加速推进日本国内通信网络的铺设。具体操办这一项工程的是当时的电信电话公社，而富士通信制造公司负责电话机的生产。当时富士通生产的电话存在拨号问题，为解决这一问题，公司上下急成一团。而作为新人的池田随手就解决了这一问题，由此得到上层的关注。

　　解决了"拨号问题"的池田，在公司内部的地位变得与众不同。其最大的特权是不用定时出勤，这一特权在当时的日本企业实属罕见。池田从儿时开始就特别喜欢钻研，为了解决一个难题废寝忘食。即使工作了以后也依旧保持这一个习惯，通常为了搞明白一个问题把自己关在屋子里好几天。

　　当时的富士通实行的还是日薪制，就是上一天班发一天工资。

这对于动不动就把自己关在家里的池田来说就很吃亏了。池田当时的上司小林大祐（后来的富士通社长）考虑到他的难处，特意为他一个人设立了月固定工资的制度。

当时预计到计算机时代即将到来的小林相信可以借助池田的才能打败 IBM，于是委任池田主导计算机的开发工作。刚一接触计算机就被其无穷奥妙所吸引的池田迅速没日没夜地投入到研发工作中。

然而，与二战中就大量使用计算机的美国相比，日本在这一领域堪称一片荒原，绝无与美国竞争的实力。所以富士通的战略是避开大型计算机的研发，将重心放在中小型计算机领域。

可是池田的看法却与公司的主流战略不同，他认为大型计算机的利润巨大，只要夺取 IBM 百分之十的利润就足够富士通赚得盆满钵满。当时从宇部兴产调到富士通的社长冈田完二郎接纳了池田的意见，决定在这一领域放手一搏。

即使公司倾注全部力量在大型计算机的研发上，作为电子计算机课长的池田依旧不来上班。池田的副手、后来成为富士通社长的山本卓真回忆："当时真的觉得池田是个疯子，不过他确实有超过常人太多的智慧。所谓时代造就英雄，当时的日本社会给了这样的人才一展身手的舞台。"

后来，作为富士通社长的山本对计算机公司 ASCII 的创始人西和彦也是大为欣赏。在山本看来，西和彦也是一个很奇怪的人。

在山本时代，富士通和 NEC 通过 ASCII 的介绍，率先导入了微软的操作系统 "MS-DOS"。当时的山本和 NEC 的社长关本忠宏积极采纳了西和彦也和比尔·盖茨的意见。

当时就是这样平等自由的时代，呼风唤雨的大企业掌门人可以虚心接受初生牛犊的创业者的建议。当时还在创业阶段的比尔·盖茨正是凭借在日本的业绩而成功说服 IBM 引进 MS-DOS 系统。所以也可以说，是富士通和 NEC 成就了微软 DOS 系统成为实际上的业界标准。

决心击垮富士通的 IBM

我们再把话题转回大型计算机。背负着冈田完二郎期待的池田敏雄先后主导了一系列机型大研发，在该领域与 IBM 形成了竞争之势。当时富士通在日本国内的市场占有率已经攀升至首位。为进一步与 IBM 争夺国际市场，富士通开展了生产 IBM 兼容机型的新战略，也就是面向 IBM 软件的庞大用户群，生产与 IBM 计算机不同的机型。

为此，池田聘用了天才工程师吉恩·阿姆达尔（Gene Amdahl）。吉恩是 IBM 的重要技术人员，主导了 IBM 旗舰型计算机 "System

360"的研发，后因为开发理念的分歧离职。吉恩加盟之后，拥有日美两大天才工程师的富士通推出了与 IBM 兼容的超大型计算机"M 系列"，以此敲开了世界计算机市场的大门。

在池田的积极主导下，富士通在国际市场上攻城略地，势如破竹。1974 年，正在全公司欢欣鼓舞的时候，池田却倒在了东京羽田机场，溘然长逝，享年 51 岁。

八年后的 1982 年，日立制作所和三菱电机的职员在美国被逮捕，其原因是两家公司的员工涉嫌盗取 IBM 的商业机密。这一事件被视作 IBM 向富士通实施全面报复的开端。因为这一事件原本是冲着富士通来的，由 FBI 做局引诱日本企业员工盗取商业机密，再将"现行犯"以违反知识产权法的理由告上法庭。不过事先得到消息的富士通与 IBM 私下交涉，缔结了秘密协定。

然而，事情并没有因此平息。1984 年，IBM 以违反协议为由，向富士通索取了巨额违约金。

当时富士通的社长是山本卓真，具体负责与 IBM 交涉的是鸣户道郎。这一场纷争持续了长达 15 年的时间。据鸣户后来回忆，"当时 IBM 是决心下狠手把富士通逼上死路"。在山本"抵抗到底"的命令之下，富士通耗费 1000 亿日元的诉讼费，与 IBM 打了 15 年官司。这一段经历可以用"生死攸关"来形容。

当时在半导体和大型计算机领域，日本的技术已经超越美国同行，对其造成了很大的威胁，于是美国不得不打出"官民合作"的口号，大力打压日本企业。其间，在半导体和超级计算机领域，双方签订了包括日美半导体协定等不平等的贸易条款，大大束缚了日本企业的手脚。

1991 年美国德州仪器（Texas Instrument）以 "Kilby" 专利为由向富士通索取巨额专利使用费。该专利于 1959 年申请，在日本企业看来已属于过时技术，不适合更高级别的内存技术发展。然而德州仪器却钻了日本知识产权法的空子，把日本半导体企业卷入知识产权的纷争三十年之久。

在与 IBM 的产权纷争中积累了经验的富士通决定在此次事件上奉陪到底。官司一直打到最高法院，可谓是"金钱和名誉之战"。在此期间，富士通在发展上也没有懈怠。首先，富士通收购了英国著名计算机生产商 ICL，在业务层面上攻势迅猛。在产品研发上，富士通推出了世界首台搭载 CD-ROM 的个人计算机 "FM TOWNS"，引发巨大反响。此外，在经营方针上，富士通也率先取消日企"年功序列"① 的人事制度，在公司内率先推行"成果主义"的评价体系。纵观富士通的整个发展史，彼时无疑是其鼎盛时期。

---

① 按照年龄的大小和资历的深浅决定职位和薪资，类似于中国的"论资排辈"。——译者注

"瘦身"（Downsizing）运动的冲击

富士通的前身——富士通信机制造的前身是富士电机制造（富士电机）的电话部门。而富士电机制造则是由德国西门子和古河电机工业的重型电机部门于 1935 年合并而成。

虽然富士通也是电电家族的一员，但是在天才工程师池田的带领下，公司的主流业务转向了计算机业务。所以跟 NEC 和日立相比，富士通与 NTT 的关系并不是特别紧密，不依赖 NTT 和东京电力，独自与 IBM 等世界级对手单打独斗的经历在富士通的历史中写下浓墨重彩的一笔。

然而，竞争对手 IBM 从 20 世纪 90 年代以来进入困惑期，开始不断放弃大型计算机，转而发展个人计算机和服务器业务，走上了所谓的"瘦身"潮流道路而濒临死亡。由此，从二战后就一贯追逐 IBM 脚步的富士通也丧失了发展的方向。更不幸的是，富士通没有快速实现向个人计算机和服务器业务的转换，发展速度大幅减缓。

1993 年，IBM 聘请职业经理人路易斯·郭士纳（Louis Gerstner）出任 CEO。郭士纳曾历任信用卡公司美国运通（American Express）和食品公司雷诺兹·纳贝斯克（RJR Nabisco）的 CEO，后主导了 IBM

的一系列分化和重组。不是计算机技术人员出身的郭士纳提出：
"顾客需要的并不是一台计算机，而是通过计算机解决一系列的商业问题。"所以主导 IBM 放弃以硬件为主的发展道路。

他敦促销售人员多听取客户的烦恼和需求，主导构建能为非 IBM 硬件提供服务的系统。他提出了"IBM 是一家服务公司"（IBM Means Service）的口号，放弃了 IBM 一直以来妄自尊大（Big Blue）的经营理念。

在郭士纳主政期间，IBM 在世界范围内的总员工数由 40 万降至 20 万。这一轮裁员主要集中于美国从事大型计算机生产和销售的白领人员。从此，IBM 实现了从计算机生产商到问题解决型咨询公司的大转型，摆脱了"瘦身"潮流的冲击。

郭士纳的改革令 IBM 重获生机，总员工数也回复到了原来的 40 万人。这一增幅主要来自中国和印度等快速发展的新市场，美国国内的员工数则没有明显增长。随着向服务型公司转型的步伐的加速，IBM 于 2004 年将个人计算机业务卖给了中国的联想集团。

院政和内斗

在 IBM 全力向咨询公司转型的同时，日本的计算机生产商又在做什么呢？它们还维持着原有的保守体制，为政府机关和大型银行提供大型计算机，在营销和成本控制上没有任何进步。

作为这一体制的既得利益者的富士通、日立和 NEC 自然错过了计算机企业"瘦身"的大潮，从而也无法摆脱"承包商"的经营模式。直到现在，这些公司的主要业务仍然是为大企业搭建系统，从中赚取"劳务费"。这种商业模式虽然不用担心客源，可是却错过了转型为咨询类公司的机会。从而与 IBM 之间的距离越来越大。

富士通在战略转型的关键时期一直没有遇到合适的领导者，其间的两任社长关泽义（1990—1998 年）和秋草直之（1998—2003 年）可以说是毫无作为。

秋草担任社长期间曾在接受经济杂志采访时说出"公司业绩差都是因为员工不干活"这一愚蠢言论，此事业内无人不知。而作为"承包商"企业社长的秋草，是其最大客户电电公社总裁秋草笃二的儿子，这种人事安排在日本现代化以来几乎没有过。由于经营业绩的恶化，秋草不得不在 2003 年辞去社长的职位。可是直到 2010 年，他一直担任公司的会长和顾问，在公司内实行"垂帘听政"。

秋草任会长期间，先后启用了其追随者黑川博昭和野副州旦担任社长。虽说这两位都是秋草亲自选出的社长，但秋草对他们并不放权。当二人提出改革计划的时候，秋草从旁多加干涉，最终造成了公司最高决策层之间的激烈内斗。

野副是富士通与 IBM 产权纷争时期鸣户社长的得力干将，以极强的实务能力和雷厉风行的工作作风著称。这种类型的人在日本企业中最适合作为主要领导的左膀右臂，而不适合作为组织的一把手。果不其然，野副上任不久在经营上就遇到了巨大瓶颈。这一方面也是因为野副熟知公司的弊病，在改革上操之过急。

这位被视作"异端"的社长在上任 1 年 3 个月后就被要求辞职。公司给出的理由是"野副社长因病疗养"。可是对此决议不服的野副向公司发送了"取消辞任的通知书"，从而令公司高层之间的矛盾公开化。最终，秋草等人不得不以"野副与反社会势力有染"为由，将其强行拉下社长之位。

野副为此提起诉讼，在法庭上反驳说"自己只是跟该组织的领导吃过两次饭，并没有任何深交"。然而，这也没有帮助他重新坐回社长之位。即使在如今，野副去世已久，此次事件的谜团仍没有被解开。曾经在池田敏雄的带领下引领日本计算机产业的富士通最终却在内斗中失去了成长的动力和方向，实在是可悲可叹。

分化重组的下一步是什么？

在富士通内斗期间，世界计算机市场正以飞快的速度进化着。

互联网的高度普及迎来了云计算时代。

曾经，IBM 从大型计算机转型到了相对简单的客户端服务器业务。而在云计算时代甚至连简易的服务器都不用了，用户直接连入服务商的数据中心就可以随时获取和处理所需的数据。

富士通也尝试建设数据中心，以适应云计算时代的业务需要。然而在保有庞大数据的谷歌、亚马逊、微软和 IBM 等世界级竞争对手面前，富士通迟迟不能打开局面，甚至日本国内的大企业也纷纷采用云计算四大公司的系统。在这种情势之下，富士通的系统构建业务就如风中残烛，岌岌可危。

富士通预估的 2017 年 3 月期总营业额约为 4 兆 5000 亿日元，比雷曼冲击前的 2008 年 3 月期低了 8000 亿日元。同时，富士通还将汽车导航业务（总营业额 3600 亿日元）的大部分股票转让给电装公司（DENSO）。此后，预计在 2017 年 3 月期彻底割舍该业务的全部股权。

此外，富士通子公司 Nifty 将个人计算机连接业务（营业额 470 亿日元）卖给野岛公司。其个人计算机业务（约 4000 亿日元）与东芝和 VAIO 的同类部门合并的计划也宣告失败。最终有可能卖给中国的联想集团。

由于割舍了大量业务，公司的固定运营成本降低，营业利润有可能回复到雷曼冲击之前的 2000 亿日元的水平。可是未来仍然不明朗。仅 2017 年一年，富士通欧洲分公司就裁员 3300 人。

牢牢抓住专利权

目前，云计算已经严重威胁到传统计算机企业的生存。位于东京都港区的研究咨询企业 MM 总研的调查结果显示，2016 年度日本国内服务器的销售额降至 2416 亿日元，比上年减少 5.7 个百分点，是七年以来的首度下降。而销售台数从 2014 年开始就一直呈下降态势。

如今，即使是一贯保守的日本企业也意识到了云计算的优势，放弃购买服务器。云计算四大公司中，美国亚马逊网络服务公司（Amazon Web Service，AWS）的实力最为强劲。在世界范围内建设了十余座巨型数据中心，拥有数十万台服务器。

此外，原本从富士通等计算机公司购买服务器的 AWS，开始尝试自主研发和生产。富士通不但失去了 AWS 等大客户，其服务器的市场份额也被 AWS 等公司蚕食。

谷歌和 IBM 云服务的背后是强大的 AI 技术。从客户的角度看，从这些公司购买强大的云计算服务后，还能附赠睿智的咨询师为企业保驾护航。而富士通等传统计算机企业提供的云服务，无论从价格、服务，还是覆盖范围都无法与四大公司同日而语。

在云技术突飞猛进的大背景下，美国等互联网公司和 IT 公司还在向 AI 和 IoT 领域注入更大规模的资金。

据美国调查公司 IDC 的预测，2020 年 AI 及其关联业务的世界市场规模将达到 470 亿美元（约 5 兆日元）。谷歌和 IBM 每年向该领域投入数千亿日元的研发经费。

而富士通从 2016 年到 2018 年在 AI 领域的研发总投入仅为 1000 亿日元，日立制作所三年的总额也是 1000 亿日元左右。这与谷歌和 IBM 在投资数值上整整差了一位，差距将越拉越大。

富士通于 2017 年成立了新部门，为使用 IoT 的企业提供技术援助，这一部门目前已有 3000 名员工。然而，这仍无法与聚集了印度、中国、俄罗斯等国顶级技术人员的谷歌和亚马逊相提并论。为了争取到类似于印度理工学院等顶级高校的优秀毕业生，谷歌和亚马逊不惜开出 2000 万日元的高额年薪。与之相比，日本的 IT 企业开出的年薪还不足 500 万日元。

原本，在云计算领域落伍的富士通还可以坚守互联网在线服务和汽车导航等业务，以图在未来向互联网和 IoT 业务靠拢。然而，富士通接连将有望成长的业务剥离出去，最终选择了靠专利权续命的道路。

池田敏雄时代的富士通可以称得上是日本计算机产业的一盏明灯。而如今这盏明灯却正在被汹涌而来的技术狂潮吞没。

终章

相信有细心的读者已经发现了，本书的基本逻辑和叙事框架参照了《失败的本质——日本军的组织论研究》（中公文库出版，户部良一、寺本义也、镰田伸一、杉之尾孝生、村井友秀、野中郁次郎著）。这本书从组织论的角度论述日本在第二次世界大战中失败的原因。

　　日本电器产业已经或者还在持续经历一场历史性的惨败。关于这一主题的出版物并不在少数。然而，真正站在整个产业高度，对其结构性败因进行分析的书目并不多见。

　　简单总结，日本电器行业失败的原因在于以 NTT 和东京电力等企业为主导的保护主义产业结构，庞大的电器行业实质上受到国家政策的强力控制。

　　而在通信和电力自由化以后，NTT 和东京电力在行业内的垄断被打破，意味着控制和保护电器行业的上层结构的崩塌。而我们所看到的东芝解体不过是这一行业体系崩坏后的一个现象，受到这一结构崩塌影响最大的就是原子能发电行业。

終章

原子能发电超出民营企业的能力

2017 年 3 月，法国核电巨头阿海珐和 NewCo 共同增资 50 亿欧元（约 6100 亿日元），其中 45 亿欧元来自法国政府，剩下的 5 亿来自三菱重工和日本原燃。

在日本国内核电站新建无望的情况下，东芝、日立和三菱重工三家企业都选择与欧美企业联手，在海外寻求出路。

从三家企业经营者的角度来看，与名门企业合作极大地满足了日本企业的自尊心。然而从欧美企业经营者的角度看，就像是把即将爆炸的炸弹交到日本人的手里，终于可以长吁一口气。

2011 年福岛第一核电站事故之后，世界各地新建核电站的计划都被延期或取消。

这一意外极大地打击了欧美核电巨头。西屋和阿海珐就如同两辆着火的战车，横冲直撞，而决定"灭火"的是日本的东芝和三菱重工。与通用电气合作的日立虽然看起来没有受到过大的打击，却也不能轻易断言日立就能毫发无损。

日本企业接手的原子能发电这一"炸弹"危机还在不断升级。2016 年 11 月，越南政府取消了由三菱重工和阿海珐承建越南首座核电站的计划。建设核电站的计划早已于 2010 年通过越南国会，分别交由俄罗斯和日本公司各承建两台发电机组。日本公司中，由三菱重工和阿海珐共同开发的中型原子能发电机组有极大的竞争优势，然而在福岛事故之后，该机组的安全对策费大幅增长，失去了价格优势。原本有意选择三菱重工和阿尔法公司机组的土耳其也因为国内政变而延迟了建设核电站的计划。此外，虽然日立和通用电气已经取得了在立陶宛承建核电站的优先谈判权，却由于第一在野党反对原子能发电而搁浅。与日本签订民用核合作协议的印度也通过了《原子能损害赔偿法》，明确规定核电站承建商也要对核事故负责。这使得日本厂商不敢轻易进入印度市场。

日立为了开拓英国的原子能发电市场而收购了英国核电站建设公司地平线核能（Horizon Nuclear Power）。原本日立和通用电气在英国拿到了 4—6 座核电站的订单，可是脱欧运动使得英国的经济状况变得不再明朗。谁也不能保证日立会不会走上东芝的老路，被欧美原子能发电企业拖垮。

东芝在美国建设的四台原子能发电机组最终做出了 7000 亿日元的减损处理，原本在中国拿到的四台原子能发电机组的订单也被搁置，原因是中方近期很可能对该计划做出调整。因此，日本三家核电企业的近况要比外界预想的还要糟糕。

目前，这三家企业在经产省的指示下，正在就原子能燃料业务合并事宜进行谈判。日立的社长兼首席执行官东原敏昭甚至透露，"三家企业的合作不应该仅限于核燃料领域，未来还有必要在整个原子能发电行业展开更深层、更广泛的合作。"

如今面临的问题是已经濒临解体的东芝如何处理原子能发电业务。在福岛事故发生之后，行业整体提升了安全标准。这意味着，建设一台原子能发电机组的成本从原来的 3000 亿日元上涨到如今的 1 兆日元。因此，日立和三菱重工同样难逃经营困境。正如通用电气总裁所说，原子能发电的经营难度已远超民营企业的可控范围。

可是，如果就此听任所有原子能发电企业倒闭的话，世界上约 400 座核电站的维护和拆除工作又将由谁来承担呢？即使从现在开始世界各国纷纷做出停止原子能发电的决策，对现存核电站的维护和拆除工作仍将持续半个世纪。

虽然奥巴马已提出世界范围内"无核化"的倡议，但军工领域对钚等放射性元素仍有大量需求。

那么，背负着超过法律规定的额外责任的电器企业需要做出怎样的结构调整以保全原子能发电业务呢？

无论是像法国一样由国家出面支持原子能发电，抑或是像美国一样逐渐废止原子能发电，这都需要足够强大的魄力和执行力，显然仅靠民营企业的经营改革无法实现。

日本的技术人员尚能一战

在本书最后，我想介绍一下日本电器行业的新动向。

2017 年 3 月，中国台湾鸿海会长郭台铭个人，与其出资的原夏普堺显示屏工厂跟中国广州市联合签署了合作协议，力图打造世界最大级液晶显示屏工厂。该工程的总投资额高达 1 兆日元。

该工程以广州为中心生产"8K"（高清晰全画幅的 16 倍）电视机的显示屏。对于一年多以前的夏普来说，自主量产 8K 电视机的显示屏几乎是痴人说梦。

而经济产业省和产业革新机构还没有从当年的仇恨中清醒过来，仍将夏普和其主力银行瑞穗银行视作"国贼"。从这一点来看，与鸿海在格局上的差距不言自明。

这一合作的消息对于原夏普的员工来说，无疑是欢欣鼓舞的。

"我们终于不会再为经费发愁，可以投入全部精力到商品的研发和生产上了！"

在广州投资 1 兆日元用于大规模生产显示屏的决定也只有鸿海做得出来。因为即使产业革新机构有能力拿出同样的资金，也不会有这样的魄力。

终章

从日本国民的角度来说，名门电器企业被外资收购，也许会被解读成"败北"。然而，从全球化资本主义的角度来看，企业间的跨国收购是再平常不过的事情，大可不必为此感到耻辱。日产汽车并入法国雷诺汽车对于员工来说是不幸吗？将此视作"国耻"真的合适吗？

在本书成稿的2017年4月，当得知鸿海有意收购东芝的半导体业务，该部门的员工偷偷在桌子底下握拳庆祝。

"在原子能发电陷入泥沼之后，我们部门的收益就一直用来填补巨额财务漏洞。如今获得财务上的强援，我们终于能够集中力量跟同行竞争。至于我们究竟是属于东芝还是鸿海，并不重要。"

还尚存一战实力的技术者们的脑子里想的都是如何能够赢过竞争对手三星，而不是困守名誉的僵局。

被鸿海收购之后，夏普公司内变化最大的当属位于奈良县的天理综合开发中心。

"你做的到底是玩具还是产品呢？"

"是，是产品啊！"

"我不认为你做的这东西能卖出去。"

这是该研究中心里50多岁的资深技术者和年轻的创业者之间的对话。鸿海的郭会长和戴社长在这里创办了"制造业创业者培训营"。由夏普和云计算巨头樱花网络联手，由夏普的资深技术人员对年轻 IoT 创业者进行为期十天的特训。从模拟电路到磨具制作，从软件、主板设计，再到安全设计、价格管理甚至产品要求文档的写作，培训几乎涵盖了创业者所需的所有技能。

创业者们饱含改变世界的热情和崭新的点子，却往往缺少产品生产和品质管理的经验，有很多缺乏经验的创业者就失败在这些环节上。

起初，在被要求传授年轻创业者经验的时候，很多夏普的技术人员是有抵触情绪的。他们身上有很浓重的保守"匠人"的作风，但创业者大胆又直率的提问重燃了他们的斗志。

"所以我说你应该换其他的材料啊。这种材料的话，应该委托给某某企业生产。"

"啊，你做的这个回路有问题。拿给我来做。"

在雷曼冲击之后，由于企业经营状况长期不振，夏普的天理综合开发中心已经很久没有迎来新员工。而这些被称为"年轻的门外汉"创业者给这里重新带来了生机。

恐龙虽然灭绝，哺乳动物却应运而生

2017 年 2 月，位于东京都台东区的创业公司 Sirius 的水洗型吸尘器喷头 Switle 正式发售，建议零售价是 2 万 1384 日元。该产品的使用方法很简单，只需将该喷头插在普通吸尘器上，就可以通过逆向喷射涡轮产生强力水雾，将污渍从被清理物体上剥离。该产品可以用来清洁不便水洗的地毯、榻榻米和床垫。

Sirius 的社长龟井隆平是原三洋的员工，从 1989 年到 2010 年在三洋工作超过 20 个年头。在三洋被松下收购之后，龟井选择辞职，与妻子共同建立了 Sirius 公司。

一次机缘巧合，龟井在原三洋上司的介绍下结识了住在广岛县福山市的发明家川本容一。川本原本在护理公司工作时，经常遇到老人的污物弄脏床垫和地毯的事情，便以此为契机开始尝试发明更便捷的扫除器械。

"这个产品一定会热卖！"龟井意识到川本这一发明的价值之后，立即动用当年在三洋积累的所有人脉，全力投入到 Switle 的研发和生产工作中。负责该产品外形设计的公司也是一家创业企业 IXI。该公司由原松下和索尼的工程师和设计师建立，因使用 3D 打印技术制造电动假肢（HACKberry）而闻名。Switle 的品牌和宣传工作也由新锐的 IoT 创业企业负责。

产品装置的设计和生产在原三洋电机的承包工厂 Yuki 产业公司完成。该工厂的主业是生产磨具和树脂产品，由于公司社长与龟井是多年的旧识，于是很爽快地便承接了这项委托。

产品量产的启动资金是通过众筹的方式完成的。原本众筹的目标仅仅为 100 万日元，该项目却意外受到网友的关注，最终筹得 1100 万日元的资金。

还有一家值得一提的创业企业是 IRIS OHYA（爱丽思）。其总部设在日本东北地区的仙台市，却在关西地区的大阪心斋桥设立了有 100 多名员工的"大阪研发中心"。

IRIS 于 2009 年进入轻型家电市场。起初主要生产廉价的吸尘器和电风扇，后来不断雇佣从综合电器企业辞职的工程师，涉足更加复杂的白色家电领域。

该公司的代表产品是 2015 年推出的被褥干燥·加热器和 2016 年推出的高压电饭煲。

对于为什么在远离仙台总部的大阪设立研发中心，社长大山健太郎这样回答道。

"我们看中的是关西地区的资深的家电工程师。他们大多年过五旬。有稳定的收入和生活。如果让他们抛家舍业来到仙台显然是不现实的。所以我们选择在当地建设研发中心。"

这一决定显然收效很大。从三洋电机、夏普和松下等公司辞职的工程师纷纷加入 IRIS 大阪研发中心。这些人中有相当一部分已经做到了管理层，十几年没有机会画过设计图。如今能有机会回到设计第一线，用 CAD 做设计，有一种重返青春的兴奋。

曾是世界第一的日本电器企业就像没有挨过冰河期的恐龙一样逐个灭绝了。然而，这并不意味着整个行业的完败。当春风再次吹起，当年活跃在电器领域的人才就像蒲公英的种子一样离开母体，飘向新的土地，生根发芽。也许，他们新创建的企业与过去的电器巨头相比不值一提。可是，它们就像是体积更小、环境适应能力更强的哺乳动物一样，在动荡的经济环境中取得了一席之地。当然，也有像索尼和三菱电机一样没有灭绝的"电器恐龙"。它们顺利实现了战略转型，脱胎换骨，以平台商和机械企业的形式存活了下来。

"留得青山在，不怕没柴烧。"即使企业甚至整个行业都不复存在，当年培养的人才依旧是最宝贵的财富。对于他们来说，与其与企业巨舰一起沉没，不如跳出来放手一搏，开创一片新天地。从这种意义上来讲，东芝解体也不过是日本经济转型期必须经历的一段阵痛而已。

作者记

　　为了完成这部书，我翻阅了记者时代积累的近三十年的采访手稿和报刊剪辑。在当年的手稿中，我记录了很多财经界大人物对日本电器行业未来的美好畅想。而如今整个行业的现状要远比当年的预想严峻得多。

　　为了把握文中提到的企业的各方面现状，我做了大量的事实调查。因此，此书的成稿也比计划慢了许多。在此，我想特别感谢讲谈社的青木肇编辑。他耐心的鼓励和得当的指导使得此书可以顺利付梓。

　　我写此书的目的，并不是只为罗列电器企业的失败的事实。我认为，以端正的态度正视失败，以正确的方法剖析失败，是走向下一个成功的必修课。所以，东芝解体并不是电器行业的终结的标志，而是整个行业走向新阶段的开端。过去的失败像是一场持续许久的烈火，烧过松下幸之助、井深大、盛田昭夫等实业家打造的电器产业庄园，而在废墟之上建造新产业的使命毫无疑问落在了我们这代人的肩上。

大西康之